D1753513

MIX
Papier aus verantwortungsvollen Quellen
Paper from responsible sources
FSC® C105338
FSC
www.fsc.org

**Michel Hecking**

# Grünes Geschäftsprozessmanagement

## Ein Bewertungsmodell zur Messung der Green-BPM-readiness

Diplomica Verlag GmbH

**Hecking, Michel: Grünes Geschäftsprozessmanagement: Ein Bewertungsmodell zur Messung der Green-BPM-readiness. Hamburg, Diplomica Verlag GmbH 2014**

Buch-ISBN: 978-3-95850-532-2
PDF-eBook-ISBN: 978-3-95850-032-7
Druck/Herstellung: Diplomica® Verlag GmbH, Hamburg, 2014

**Bibliografische Information der Deutschen Nationalbibliothek:**
Die Deutsche Nationalbibliothek verzeichnet diese Publikation in der Deutschen Nationalbibliografie; detaillierte bibliografische Daten sind im Internet über http://dnb.d-nb.de abrufbar.

---

Das Werk einschließlich aller seiner Teile ist urheberrechtlich geschützt. Jede Verwertung außerhalb der Grenzen des Urheberrechtsgesetzes ist ohne Zustimmung des Verlages unzulässig und strafbar. Dies gilt insbesondere für Vervielfältigungen, Übersetzungen, Mikroverfilmungen und die Einspeicherung und Bearbeitung in elektronischen Systemen.

Die Wiedergabe von Gebrauchsnamen, Handelsnamen, Warenbezeichnungen usw. in diesem Werk berechtigt auch ohne besondere Kennzeichnung nicht zu der Annahme, dass solche Namen im Sinne der Warenzeichen- und Markenschutz-Gesetzgebung als frei zu betrachten wären und daher von jedermann benutzt werden dürften.

Die Informationen in diesem Werk wurden mit Sorgfalt erarbeitet. Dennoch können Fehler nicht vollständig ausgeschlossen werden und die Diplomica Verlag GmbH, die Autoren oder Übersetzer übernehmen keine juristische Verantwortung oder irgendeine Haftung für evtl. verbliebene fehlerhafte Angaben und deren Folgen.

Alle Rechte vorbehalten

© Diplomica Verlag GmbH
Hermannstal 119k, 22119 Hamburg
http://www.diplomica-verlag.de, Hamburg 2014
Printed in Germany

# Inhaltsverzeichnis

# Abkürzungsverzeichnis

| | |
|---|---|
| AMOS | Analysis of Moment Structures |
| BPMN | Business Process Model and Notation |
| CEO | Chief Executive Officer |
| CIO | Chief Information Officer |
| CO2 | Kohlendioxid |
| C. R. | Critical Ratio |
| DBIS | Datenbank-Informationssystem |
| df | Degrees of freedom |
| DEV | Durchschnittlich extrahierte Varianz |
| eFA | Explorative Faktorenanalyse |
| EPK | Ereignisgesteuerte Prozesskette |
| EU | Europäische Union |
| EUE | Energy Usage Effectiveness |
| EZB | Elektronische Zeitschriftenbibliothek |
| $f^2$ | Effektstärke |
| FR | Faktorreliabilität |
| GfK | Gesellschaft für Konsumforschung |
| GPM | Geschäftsprozessmanagement |
| GUK | Göttinger Universitätskatalog |
| IKT | Informations- und Kommunikationstechnologie |
| IS | Informationssystem |
| IT | Informationstechnologie |
| KEI | Key Ecological Indicator |
| kFA | Konfirmatorische Faktorenanalyse |
| KPI | Key Performance Indicator |
| ML | Maximum-Likelihood |
| M.I. | Modifikationsindex |
| NASA | National Aeronautics and Space Administration |
| NOx | Stickoxid |
| NRI | Network Readiness Index |
| PLS | Partial Least Squares |

| | |
|---|---|
| PUE | Power Usage Effectiveness |
| $Q^2$ | Vorhersagevalidität |
| $R$ | Korrelationsmatrix |
| $R^2$ | Bestimmtheitsmaß |
| RMSEA | Root Mean Square Error of Approximation |
| $S$ | Empirische Kovarianzmatrix |
| SCM | Supply Chain Management |
| SOx | Schwefeloxid |
| SRMR | Standardized Root Mean Square Residual |
| SUB | Staats- und Universitätsbibliothek |
| UML | Unified Modeling Language |
| $\Omega$ | Modelltheoretische Varianz-Kovarianz-Matrix |
| $X^2$ | Chi-Quadrat-Anpassungstest |

## Abbildungsverzeichnis

# 1 Einleitung

Der fortschreitende Klimawandel und dessen Folgen in Form von Umweltkatastrophen sowie die Verknappung natürlicher Ressourcen führen zu einer zunehmenden Beeinflussung globaler Volkswirtschaften und gelten als eine der größten Herausforderungen des 21. Jahrhunderts. Die ausgestoßenen Treibhausgase haben bereits dazu geführt, dass sich das globale Klima gegenüber vorindustriellen Werten um 1 Grad Celsius erwärmt hat (vgl. BMU 2012, 1). Nicht-erneuerbare, natürliche Ressourcen wie Bodenschätze oder fossile Brennstoffe werden vom Menschen unwiderruflich ausgebeutet. Die dadurch entstehenden negativen Auswirkungen auf die Natur sind irreversibel und beeinflussen die Lebensgrundlage heutiger und zukünftiger Generationen.

Aufgrund der zunehmend spürbar werdenden Konsequenzen des Treibhausgasausstoßes und des Raubbaus der Natur hat sich das Bewusstsein für eine nachhaltige Lebensweise und ein naturverträgliches Wirtschaften in Politik und Gesellschaft zu einem Leitbild zukunftsfähiger Entwicklung herausgebildet.

Die Europäische Union (EU) hat bspw. Strategien und Ziele zum Schutz natürlicher Ressourcen und der Bekämpfung des Klimawandels als zentralen Baustein ihrer Politik festgelegt (vgl. EU 2011, 4).[1] Unternehmen tragen durch die Nutzung natürlicher Rohstoffe, den Ausstoß von Treibhausgasen und Abwässern sowie der Produktion von Abfällen wesentlich zur Zerstörung der natürlichen Umwelt bei. Um die negativen Auswirkungen auf die Natur zu verringern ist die Optimierung geschäftlicher Tätigkeiten und Strukturen hinsichtlich einer besseren Umweltverträglichkeit notwendig. Unternehmen sind in der Pflicht, eigene Prozesse soweit zu verbessern, dass natürliche Ressourcen langfristig und für zukünftige Generationen in ausreichendem Maß zur Verfügung stehen. Die Planung, Durchführung, Überwachung und Steuerung dieser Prozesse sind die Kernaufgaben des nachhaltigen Geschäftsprozessmanagements (GPM) (vgl. Seidel et al. 2012, 3; Ghose et al. 2009, 103).

Neben gewinnorientierten, ökonomischen Unternehmenszielen gewinnen dadurch auch nachhaltige Kriterien zunehmend an Bedeutung. Zahlreiche Studien, wie eine vom

---

1 Im Rahmen der „Energie 2020“-Strategie wurde im Jahr 2007 die Reduktion der Treibhausgasemissionen um 20%, der Ausbau des Anteils erneuerbarer Energien auf 20%, und die Senkung der CO2-Emissionen um 80% festgelegt (vgl. EU 2011, 4).

Deutschen Aktieninstitut im Jahr 2012 durchgeführte Befragung börsennotierter Unternehmen,[2] belegen, dass nachhaltiges Wirtschaften einerseits die Umwelt schont, andererseits aber auch den Unternehmenserfolg steigert (vgl. DAI 2012, 9). Nachhaltig ausgerichtetes Geschäftsprozessmanagement hilft, die ökologische Effizienz des Unternehmens langfristig zu verbessern, ohne die Wettbewerbsfähigkeit des Unternehmens zu beinträchtigen.

**Untersuchungsgegenstand und Zielsetzung**

Trotz der großen Möglichkeiten und Potenziale, die sich durch die Umsetzung nachhaltigen GPMs ergeben können, existiert in der wissenschaftlichen Literatur bisher kein Ansatz zur Messung des Bereitschafts- bzw. Umsetzungsgrads (readiness) von nachhaltigem GPM in Unternehmen. Ohne eine solche Messung ist es Organisationen nicht möglich ihren aktuellen Status in Bezug auf nachhaltige GPM Aktivitäten zu ermitteln.[3] Dies behindert die gezielte Identifizierung von Verbesserungspotenzialen für nachhaltiges GPM sowie die Ausnutzung des vollständigen Leistungsvermögens (vgl. Molla et al. 2008, 671).

Um diese Forschungslücke zu schließen und die Messung nachhaltigen GPMs in Unternehmen zu ermöglichen, ergibt sich die der vorliegenden Arbeit zugrundeliegende Forschungsfrage:

*Welche Fähigkeiten benötigen Unternehmen, um nachhaltiges GPM (Green-BPM) umzusetzen und wie lassen sich die Dimensionen dieser Fähigkeiten messen?*

Zur Beantwortung dieser zentralen Frage wird zunächst ein Modell entwickelt, welches durch empirisch erhobene Daten einer statistischen Evaluierung unterzogen wird. Daraus ergeben sich folgende konkretere Forschungsfragen, die der Erreichung des Untersuchungsziels dienen und im Rahmen dieser Arbeit der Reihe nach beantwortet werden:

---

2 Die Studie besagt, dass die Nachhaltigkeit für 86% der Befragten langfristig mit einem gesteigerten Unternehmenserfolg verbunden ist (vgl. DAI 2012, 9).

3 Bei einer im Jahr 2012 durchgeführten Studie der Managementberatung Bearingpoint konnten dreiviertel der Befragten Unternehmen nur wenig bis gar keine Angaben über den aktuellen Umsetzungsgrad von nachhaltigem GPM machen (vgl. Bearingpoint 2012, 22).

- *FF1:* Wie lässt sich die Green-BPM-readiness in einem theoretischen Modell erklären?
- *FF2:* Welche statistisch relevanten Faktoren und Indikatoren können in einem Green-BPM-readiness-Modell identifiziert werden?
- *FF3:* In welchem Maß beeinflussen die identifizierten Faktoren die Green-BPM-readiness?

**Inhaltlicher Aufbau**

Zur Beantwortung der Forschungsfragen ist die vorliegende Arbeit in fünf Kapitel untergliedert. Auf die Einleitung folgt in Kapitel 2 die Herleitung der für den Hauptteil erforderlichen theoretischen Grundlagen. Aufbauend auf dem Begriff *Nachhaltigkeit* werden deren Dimensionen sowie die Definition der ökologischen Nachhaltigkeit erörtert, einschließlich den der Nachhaltigkeit zugrundeliegenden Ziele, Strategien und Indikatoren sowie deren Bedeutung in der unternehmerischen Praxis. Darauffolgend wird der Begriff *Geschäftsprozessmanagement* in Bezug auf dessen klassische Aufgaben und der ökologischen Nachhaltigkeit näher bestimmt. Der Grundlagenteil wird mit der Erläuterung des readiness-Konzepts abgeschlossen.

In Kapitel 3 wird die methodische Vorgehensweise zur Beantwortung der Forschungsfragen dargelegt. Zunächst werden die Durchführung der systematischen Literaturrecherche und deren Ergebnisse beschrieben. Im Anschluss daran werden die im Zuge der Literaturauswertung ermittelten Arbeiten in Hinblick auf die Forschungsfragen analysiert und ein theoretisches Green-BPM-readiness-Modell hergeleitet. Basierend auf der ausführlichen Beschreibung der Modellelemente wird eine empirische Umfrage durchgeführt, deren Design und Umsetzung beschrieben werden. Anschließend erfolgt die Erläuterung der Vorgehensweise der statistischen Methoden. Zunächst wird das übergeordnete Konzept der Strukturgleichungsmodellierung dargelegt, um darauf aufbauend die Methodik einer konfirmatorischen Faktorenanalyse zu erörtern.

Kapitel 4 veranschaulicht die Auswertung der gewonnenen Daten. Dabei wird zunächst auf die soziodemographische Zusammensetzung der Stichprobe eingegangen, um darauf aufbauend die Ergebnisse der Faktorenanalyse sowie des Strukturgleichungsmodells detailliert vorzustellen und zu beurteilen.

Mit dem Fazit in Kapitel 5 endet das vorliegende Buch. Neben einer kritischen Analyse der gewonnenen Erkenntnisse werden in diesem Kapitel Implikationen für Forschung und Praxis vorgestellt.

# 2 Theoretische Grundlagen

In diesem Kapitel werden die grundlegenden Begriffe definiert, die im Rahmen dieser Arbeit für die Beantwortung der aufgestellten Forschungsfragen erforderlich sind und im weiteren Verlauf dieser Arbeit immer wieder aufgegriffen werden. Wie in der Einleitung dargelegt, liegt die Motivation für die Untersuchung der Green-BPM-readiness[4] in der Bedeutsamkeit eines schonenden und zukunftsorientierten Umgangs mit der natürlichen Umwelt begründet. Vor diesem Hintergrund wird in Kapitel 2.1 zunächst der Begriff der *Nachhaltigkeit* und darauf aufbauend der Begriff der *ökologischen Nachhaltigkeit*, einschließlich der zugrundeliegenden Ziele, Strategien und Indikatoren definiert. Im Anschluss daran folgt die Erläuterung der Bedeutung der Nachhaltigkeit für die unternehmerische Praxis. In Kapitel 2.2 wird zunächst das Konzept des konventionellen GPMs und dessen Aufgaben anhand der Lebenszyklustheorie beschrieben. Anschließend folgt die Verknüpfung des konventionellen GPMs mit der ökologischen Nachhaltigkeit. Das „readiness"-Konzept, dessen Verständnis für die Beantwortung der Forschungsfragen notwendig ist, wird in Kapitel 2.3 umfassend erläutert.

## 2.1 Ökologische Nachhaltigkeit

In der globalen Gesellschaft steigt das Bewusstsein für drohende Folgen der Klimaerwärmung wie bspw. die Verringerung der Artenvielfalt, zunehmende Verknappung von Ressourcen, oder immer häufiger und verheerender auftretende Umweltkatastrophen. Dies führt bei immer mehr Menschen zu der Erkenntnis, dass eine ökologisch nachhaltige Entwicklung zum Erhalt der natürlichen Umwelt dringend notwendig ist (vgl. Högner et al. 2012, 18). Vor diesem Hintergrund werden im Folgenden das Leitbild der nachhaltigen Entwicklung sowie die zur Umsetzung notwendigen Ziele, Strategien und Indikatoren der ökologischen Nachhaltigkeit[5] vorgestellt. Anschließend folgt die Erläuterung der Umsetzung ökologischer Nachhaltigkeit in der unternehmerischen Praxis.

---

4 Der Ausdruck *Green-BPM* ist gleichbedeutend mit dem Deutschen *grünes GPM* oder *nachhaltiges GPM*. Alle drei Begriffe werden im Verlauf dieser Arbeit synonym verwendet.

5 Hediger (1997, 17) unterscheidet zwar bei den Begriffen *nachhaltige Entwicklung* und *Nachhaltigkeit* zwischen einem kontinuierlichen Prozess und einem Wunschzustand. Aufgrund der in der wissenschaftlichen Literatur weitestgehend synonymen Verwendung beider Begriffe werden diese auch in dieser Arbeit bedeutungsgleich verwandt (vgl. Carnau 2011, 13).

### 2.1.1 Definition und Dimensionen

Heutzutage nutzen sowohl Politiker als auch Unternehmen den Begriff *Nachhaltigkeit* als Modewort in verschiedensten Kontexten und unterschiedlichsten Zusammenhängen (vgl. Behlau 2010, 11; Bund 2012; Högner et al. 2012, 9; Spindler 2012, 1-2). Studien zeigen, dass der Bekanntheitsgrad des Nachhaltigkeitsbegriffs in der Bevölkerung in den Jahren 2000 bis 2010 von 13% auf 43% angestiegen ist. Jedoch können sich laut einer Studie der Gesellschaft für Konsumforschung (GfK) nur 32% der Befragten unter dem Ausdruck Nachhaltigkeit konkret etwas vorstellen (vgl. BMU 2010, 40; GfK 2012).

Der Begriff *Nachhaltigkeit* (engl.: sustainability) geht zurück auf ein bereits Anfang des 18. Jahrhunderts entstandenes Konzept der nachhaltigen Forstwirtschaft. Es beruht auf dem Grundsatz nur so viel Holz abzubauen, wie durch Neupflanzungen von Bäumen nachwachsen kann (vgl. Carnau 2011, 12). Dieser Grundgedanke der Bestandserhaltung ist bis heute fest mit dem Terminus Nachhaltigkeit verbunden.

Die Weltkommission für Umwelt und Entwicklung (Brundtland-Kommission) veröffentlichte 1987 in ihrem Bericht „Our Common Future" die bis heute meistzitierte Definition des Nachhaltigkeitsbegriffs. Der Bericht bildete die Basis für die 1992 stattfindende Konferenz der Vereinten Nationen über Umwelt und Entwicklung in Rio de Janeiro (Rio-Konferenz) (vgl. Carnau 2011, 13; Craig/Dale 2008, 363; Dao et al. 2011, 64; Hilty et al. 2011, 13; Schmidt 2011, 19). Die dort beschlossene Agenda 21 sollte den Bericht in internationales Handeln umsetzen und der Politik als Leitlinie zu einer nachhaltigen Entwicklung dienen (vgl. Glück 2001, 10; Spindler 2012, 8).

Der Bericht definiert nachhaltige Entwicklung als „development that meets the needs of the present without compromising the ability of future generations to meet their own needs" (Brundtland 1987, 24). Demnach ist das Ziel der Nachhaltigkeit, die Bedürfnisse der heutigen Generation auf eine Art und Weise zu befriedigen, ohne zukünftige Generationen in der Befriedigung ihrer eigenen Bedürfnisse einzuschränken (vgl. Brundtland 1987, 46; Belz 2003, 353; Elliot/Binney 2008, 9). Im Sinne eines Generationenvertrags geht es um eine vorsorgende soziale, ökonomische und ökologische Entwicklung, die heutigen und künftigen Generationen gleichermaßen gerecht wird (Bestandserhaltung) (vgl. Spindler 2012, 5). Dabei bestehen zwischen den drei Dimensionen soziale, ökonomische und ökologische Nachhaltigkeit wechselseitige Abhängigkeiten, sogenannte Interdependenzen, weshalb diese Faktoren nicht isoliert voneinander betrachtet werdenkönnen (vgl. Balderjahn 2004, 3; Carnau 2011, 18; Cleven et al. 2012, 112; Zeise et al. 2012, 132). Eine nachhaltige Entwicklung beschränkt sich demnach nicht auf einzelne Dimensionen, z. B. den Schutz der natürlichen Umwelt, sondern umfasst auch gesellschaftliche und wirtschaftliche Aspekte. Ein ökologisches Gleichgewicht aus dem Verbrauch natürlicher Ressourcen und deren gleichzeitigen Erhaltung kann demnach nur erreicht werden, wenn ökonomische Sicherheit und soziale Gerechtigkeit in Harmonie gebracht werden (vgl. Balderjahn 2004, 3; Freericks et al. 2010, 250; Glück 2001, 10; Schmidt 2011, 19).

Das Ziel einer dauerhaften Bereitstellung und gerechten Verteilung sozialer Grundgüter wird von der sozialen Nachhaltigkeitsdimension verfolgt (vgl. Carnau 2011, 19). Alle Menschen sollen bspw. einen gleichberechtigten Zugang zu Gesundheits- und Bildungseinrichtungen, Lebensmittelversorgung oder humanen Arbeitsbedingungen erhalten (vgl. Carnau 2011, 19; Balderjahn 2004, 13).

Die Dimension der ökonomischen Nachhaltigkeit beschäftigt sich mit der „Aufrechterhaltung der materiellen Bedürfnisbefriedigung" verschiedener gesellschaftlicher Gruppen (Carnau 2011, 19). Dabei werden u. a. Ziele wie Preisstabilität, außenwirtschaftliches Gleichgewicht, ein hoher, anhaltender Beschäftigungsgrad oder eine lange Lebensdauer von Unternehmen angestrebt (vgl. Carnau 2011, 19; Balderjahn 2004, 22).

Die ökologische Dimension der Nachhaltigkeit stellt die Auswirkungen der Ausbeutung der natürlichen Umwelt durch den Menschen in den Mittelpunkt. Das Ziel ist, die Nutzung natürlicher Ressourcen und die damit verbundenen Umweltschäden mit teilweise irreversiblen Folgen zu minimieren, sodass der natürliche Lebensraum als Quelle für erneuerbare und nicht-erneuerbare Rohstoffe sowie als Aufnahmemedium für Schadstoffe erhalten bleibt (vgl. Carnau 2011, 19; Balderjahn 2004, 9-10; Boppert/Tenerowicz 2009, 2). In diesem Zusammenhang werden unter Umweltschäden alle belastenden bzw. negativen Einflüsse auf die Umwelt verstanden, die durch Organisationen verursacht werden (vgl. Goebels 2004, 40). Zu den in der Literatur am häufigsten genannten Umweltwirkungen[6] zählen (vgl. Hoesch-Klohe/Ghose 2010, 554; Houy et al. 2011b, 503):

- Verbrauch natürlicher Ressourcen- und Energie,
- Schadstoff- und Lärmemissionen in Luft, Boden und Gewässer,
- Zerstörung der Flora und Fauna durch z. B. Straßen und Gebäude,
- potentielle Risiken durch Lagerung gefährlicher Stoffe und sonstigem Abfall.

**Das Säulen-Modell der Nachhaltigkeit**

Für die Umsetzung des Nachhaltigkeitsleitbildes wurden im Laufe der Zeit verschiedene Ein- und Mehr-Säulen-Modelle[7] entwickelt, welche unterschiedliche Auffassungen im Bezug auf den Stellenwert und die Abhängigkeiten der verschiedenen Nachhaltigkeitsdimensionen repräsentieren (vgl. Kolpiin/Müller 2009, 33; Kopfmüller et al. 2001, 47-55; Pfeiffer/Walther 2003, 447-450). Das in der Wissenschaft, Politik und Unternehmenspraxis häufig verwendete Drei-Säulen-Modell der Nachhaltigkeit berücksichtigt aufbauend auf dem Brundtland-Bericht die ökologische, ökonomische und soziale Dimension gleichermaßen. Demnach kann eine nachhaltige Entwicklung auf lange Sicht nur gelingen, wenn Umweltgesichtspunkte gleichberechtigt mit sozialen und wirtschaftlichen Gesichtspunkten berücksichtigt werden (vgl. Behlau 2010, 12; Carnau 2011, 20; Dyllick/Hockerts 2002, 132; Kopatz 2005, 24).

Autoren wie bspw. Vogt (2009, 143) oder Spindler (2012, 13) beurteilen das Drei-Säulen-Modell aufgrund starker Zielkonflikte zwischen den einzelnen Dimensionen als nicht praktikabel. Da das Überleben aller Generationen nur dann möglich ist, „wenn die Natur als Grundlage zum Leben und Wirtschaften erhalten bleibt“, stellt die ökologische Dimension eine zwingende Voraussetzung für eine nachhaltige Entwicklung dar (Högner et al. 2012, 30). Natürliche Ressourcen bilden das Fundament für soziales und ökonomisches Handeln, wodurch der ökologischen Dimension eine höhere Gewichtung zukommt (vgl. Stahlmann 2008, 61; Carnau 2011, 12-13).

---

[6] Während Umweltwirkungen wie Wasserverbrauch oder CO2-Emissionen quantitativ gemessen werden, kann bspw. der Schaden durch die Zerstörung der Flora und Fauna nur anhand qualitativer Skalen erfasst werden (vgl. Hoesch-Klohe/Ghose 2010, 554).

[7] Das von Kang/Wood (1995) vorgestellte Pyramiden-Modell stellt ein Beispiel eines Ein-Säulen-Modells dar, während das Drei-Säulen-Modell der Nachhaltigkeit ein Mehr-Säulen-Modell beschreibt.

Um die besondere Rolle der ökologischen Dimension auszudrücken, erweitert Stahlmann (2008, 61) das Drei-Säulen-Modell zum sog. gewichteten Säulenmodell, welches die natürliche Umwelt als Grundlage einer nachhaltigen Entwicklung darstellt (siehe Abbildung 2-1). Des Weiteren wird das Modell um die kulturelle Dimension ergänzt, die eine Einbindung der Nachhaltigkeit in die Alltagskultur der Menschen bei gleichzeitigem Erhalt gesellschaftlicher Werte und Normen zum Ziel hat. Die Umsetzung nachhaltigen Handelns kann somit nicht global bzw. allgemeingültig erfolgen, sondern muss lokal an unterschiedliche kulturelle Einflüsse und Gegebenheiten angepasst werden, ohne diese zu zerstören (vgl. Brocchi 2007, 2-4; Duxburry/Gillette 2007, 4; Grober 2010, 129; Kuhn 2006, 22).[8]

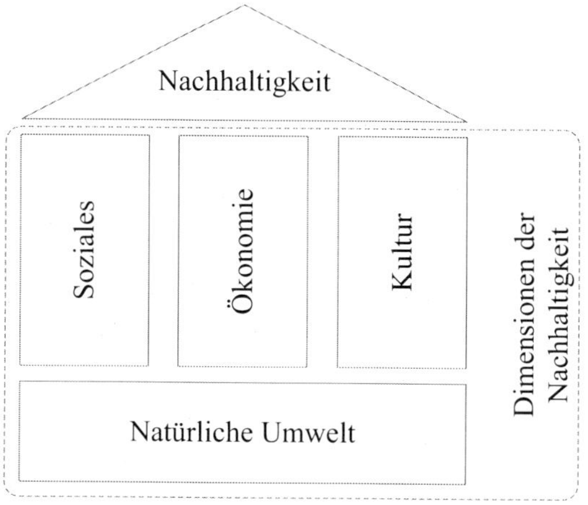


Abbildung 2-1: Gewichtetes Säulenmodell der Nachhaltigkeit (Quelle: Stahlmann 2008, 62)

Zusammenfasend wird unter dem Begriff der *Nachhaltigkeit*, in Anlehnung an das gewichtete Säulen-Modell, ein ethisches Leitbild verstanden, welches die Bedürfnisse der heutigen Generation erfüllt, ohne dabei nachfolgende Generationen in ihren Möglichkeiten zur Bedürfnisbefriedigung zu beeinträchtigen. Dabei werden sowohl ökologische und ökonomische als auch soziale und kulturelle Aspekte und deren gegenseitige Abhängigkeiten berücksichtigt. Die Aufrechterhaltung der natürlichen Umwelt stellt die Basis und somit das Kernelement einer ausgewogenen, nachhaltigen Entwicklung dar

8 Der hier verwendete Kulturbegriff wird definiert als „Gesamtheit der einzigartigen geistigen, materiellen, intellektuellen und emotionalen Aspekte [...], die eine Gesellschaft oder soziale Gruppe kennzeichnen. Dies schließt nicht nur Kunst und Literatur ein, sondern auch Lebensformen, die Grundrechte des Menschen, Wertsysteme, Traditionen und Glaubensrichtungen“ (van Hasselt 1998, 65).

(vgl. Glück 2001, 10; Bundesregierung 2002, 5-8; Grober 2010, 266; Carnau 2011, 135).

Der Fokus der vorliegenden Arbeit liegt auf dem Geschäftsprozessmanagement im Kontext der ökologischen Nachhaltigkeitsdimension. Die ökonomischen und sozialen Dimensionen der Nachhaltigkeit werden, trotz bestehender Interdependenzen mit der ökologischen Dimension, nicht weiterführend berücksichtigt.

### 2.1.2 Ökologische Ziele, Strategien und Indikatoren

Wie im vorangegangenen Kapitel dargestellt, ist die Grundvoraussetzung für eine nachhaltige Entwicklung die Aufrechterhaltung der natürlichen Umwelt. Die durch den Menschen verursachten Umweltbelastungen und deren teilweise voranschreitenden irreparablen Folgen schränken die Lebensbedingungen auf unserem Planeten zunehmend ein (vgl. Carnau 2011, 19). Um die Zukunft der natürlichen Lebensgrundlage des Menschen zu wahren und deren weitere Zerstörung zu verhindern, ist der Schutz und Erhalt der Natur für heutige und zukünftige Generationen notwendig (vgl. Bundesregierung 2002, 8-9; Fresner et al. 2009, 10; Högner et al. 2012, 30; Kopatz 2005, 5).

Um dem Anspruch der ökologischen Nachhaltigkeit in der Praxis gerecht zu werden, ist die Definition von Teilzielen sowie die Festlegung konkreter Maßnahmen und Handlungsfelder zur Zielerreichung erforderlich. Für die EU (2001, 17-30; Bundesregierung 2002, 8-9; Högner et al. 2012, 31) umfassen diese Ziele im Wesentlichen:

- Reduzierung von Umweltbelastungen wie Emissionen und Abfälle,
- Nutzung regenerativer Ressourcen anstatt endlicher,
- Nutzung natürlicher Ressourcen im Rahmen ihrer Regenerationsfähigkeit,
- Vermeidung von Gesundheitsrisiken für Mensch und Tier,
- Steigerung der Rohstoff- und Energieproduktivität,
- Reduzierung des Flächenverbrauchs,
- Schaffung weltweiter ökologischer Verantwortung.

Zur Überprüfung der gesteckten Ziele existiert eine Vielzahl von Indikatoren, die eine Messung des Fortschritts der nachhaltigen Entwicklung – sowohl für Staaten als auch

Unternehmen – ermöglichen (vgl. Bundesregierung 2002, 89; United Nations 2007, 3).[9] Beispiele für ökologische Indikatoren sind Rohstoffproduktivität, Treibhausgasemissionen, Energieverbrauch, Transportintensität (vgl. Statistisches Bundesamt 2012, 3). Einer der bekanntesten und international gebräuchlichsten Indikatoren ist der „ökologische Fußabdruck" (Synonym: CO2-Fußabdruck, engl.: carbon footprint), der die Menge der Treibhausgasemissionen von Produkten, Unternehmen oder Personen misst (vgl. ISO 2011, 2).

### Die Leitstrategien der ökologischen Nachhaltigkeit

Um die Zielwerte der Indikatoren und weiterführend die Ziele der ökologischen Nachhaltigkeit zu erreichen bzw. einzuhalten, existieren in der wissenschaftlichen Literatur die drei Problemlösungsansätze Effizienz-, Konsistenz- und Suffizienzstrategie (vgl. Behlau 2010, 15; Huber 2000, 272; von Hauf 2011, 20).

Die Effizienzstrategie zielt auf eine Steigerung der Ressourceneffizienz bzw. Ressourcenproduktivität ab. Wertschöpfungsprozesse werden dahingehend optimiert, dass das Verhältnis zwischen dem Einsatz natürlicher Ressourcen und dem dadurch generierten Output optimiert wird (z. B. weniger Input, gleicher Output). Die Verbesserung der produktiven Tätigkeit kann mithilfe technischer Innovationen, bspw. neuartiger Produktionsverfahren, erreicht werden. Effizientere Technologien helfen, den natürlichen Ressourcenverbrauch zu reduzieren und die Aufnahmekapazität der Umwelt für Schadstoffe zu entlasten (vgl. Linz 2004, 8; Kopatz 2005, 19; Carnau 2011, 24; von Hauff 2011, 21). Das optimierte Verhältnis zwischen Input und Output wirkt sich für Unternehmen in einer Kostenreduktion durch Ressourceneinsparungen aus und weist somit eine ökonomisch-ökologische Vorteilhaftigkeit auf (vgl. Watson et al. 2008, 190; von Hauff 2011, 21). Jedoch muss berücksichtigt werden, dass die alleinige Verfolgung einer Effizienzstrategie nicht nachhaltig ist, da trotz ressourceneffizienterer Wertschöpfungsprozesse weiterhin nicht regenerierbare Ressourcen abgebaut bzw. Schadstoffe ausgestoßen werden (vgl. Behlau 2010, 15; Watson et al. 2008, 188).

---

9 Die Vereinten Nationen (2007), die Bundesregierung (2002) oder die Global Reporting Initiative (2011) stellen bspw. Richtlinien zur Messung verschiedener Indikatoren bereit. Dabei existieren neben ökologischen Indikatoren auch Kennzahlen zur Überprüfung der anderen Säulen der Nachhaltigkeit durch soziale, ökonomische und kulturelle Indikatoren.

Die Suffizienzstrategie versucht den materiellen Konsum der Menschen einzuschränken, um zukünftigen Generationen die Nutzung natürlicher Ressourcen zu ermöglichen. Sie verfolgt eine Änderung der Konsummuster bzw. des Lebensstils der Menschen mit dem Ziel, den materiellen Güterbedarf zu senken ohne die Lebensqualität zu beeinträchtigen (vgl. Carnau 2011, 26-27; von Hauf 2011, 22). Die Suffizienzstrategie fordert ökologie- und sozialverträgliche Obergrenzen für den Konsum bzw. das Wirtschaftswachstum, um die Belastungsgrenzen der Natur einhalten zu können (vgl. von Hauff 2011, 22).

Das Ziel der Konsistenzstrategie ist nicht, natürliche Ressourcen zu rationalisieren (Effizienz) oder zu rationieren (Suffizienz), da auf diesem Wege der Substanzverlust der Natur nur verringert, aber nicht aufgehalten werden kann. Der Verbrauch nichterneuerbarer Ressourcen soll durch Substitution anderer Ressourcen ganz vermieden werden (z. B. Energiegewinnung durch Solarenergie anstatt Kohle) (vgl. von Hauff 2011, 21). Durch technische Innovationen sollen Materialien aus der Produktions- oder Konsumphase im Rahmen einer Kreislaufwirtschaft vollständig wiederverwendet werden (vgl. Paech 2005, 55; von Hauff 2011, 21).

Alle drei vorgestellten Strategien stellen Ansätze zur Erreichung einer ökologischen Nachhaltigkeit dar. Neben technischen Neuerungen sind grundsätzliche Verhaltens- und Konsumänderungen hin zu einer echten Nachhaltigkeitsorientierung notwendig. Für Unternehmen reicht es nicht aus, Produkte und Wertschöpfungsprozesse nachhaltig zu gestalten. „Um langfristig erfolgreich zu sein, müssen Unternehmen die Nachhaltigkeitsorientierung von der Produktebene ganzheitlich erweitern und die Unternehmensführung entsprechend der nachhaltigkeitsorientierten Betriebswirtschaftslehre restrukturieren“ (Girmscheid/Selberherr 2012, 405).

### 2.1.3 Ökologische Nachhaltigkeit in der unternehmerischen Praxis

Für Unternehmen besteht die Herausforderung einer ökologisch nachhaltigen Entwicklung in der Verbesserung der Öko-Effizienz (effizienter Gebrauch von Ressourcen) sowie der Öko-Suffizienz (sparsamer Verbrauch von Ressourcen), um die absolut verursachten Umweltbelastungen zu reduzieren (vgl. Schaltegger et al. 2007, 14-15; Girmscheid/Selberherr 2012, 405).[10] Für die strategische und operationale Umsetzung dieser ökologisch ausgerichteten Aufgaben hat sich sowohl in der wissenschaftlichen Literatur als auch in der unternehmerischen Praxis der Begriff des *Nachhaltigkeitsmanagements* (Synonym: Umweltmanagement) etabliert (vgl. Ammermüller et al. 2012, 392; Schaltegger et al. 2007, 10; Naana/Junker 2013, 42).

Alle Aktivitäten des Nachhaltigkeitsmanagement sind kostengünstig, rentabilitäts- und unternehmenswertsteigernd umzusetzen. Des Weiteren sind die genannten Aspekte in das konventionelle, ökonomisch ausgerichtete Management zu integrieren (vgl. Girmscheid 2012, 405). Diese Integration muss in allen Unternehmensbereichen und Abteilungen erfolgen, um eine ganzheitlich nachhaltige Entwicklung zu gewährleisten und eine nachhaltige Unternehmenskultur aufzubauen (vgl. Ammermüller et al. 2012, 392-393). Darüber hinaus ist die Einbeziehung aller beteiligten internen und externen Personen und Partner (Stakeholder) notwendig, um den gesamten Wertschöpfungsprozess von der Produktion bis zur Entsorgung des Produktes ökologisch nachhaltig zu gestalten. Die Stakeholder, z. B. Lieferanten oder Mitarbeiter, werden bei den ökologischen Analysen und Optimierungen berücksichtigt (vgl. von Hauff 2011, 24; Carnau 2011, 315; Naana/Junker 2013, 46).

Im Rahmen des Nachhaltigkeitsmanagements werden ökologische Unternehmensziele wie bspw. die Reduktion des Stromverbrauchs um 30% definiert und terminiert. Nachhaltigkeitsstrategien legen Maßnahmen zur Erreichung der gesetzten Ziele fest (vgl. Newman 2012, 71). Ökologische Indikatoren ermöglichen den Fortschritt einzelner Maßnahmen zu kontrollieren und bilden die Grundlage für Managemententscheidungen. Zur Erfassung und Überwachung (sog. Monitoring) ökologischer Kennzahlen existieren zahlreiche Managementinstrumente, von denen die Ökobilanz das am häufigsten genannte Instrument darstellt (vgl. Melville 2010, 8; Stewart 1999, 74).[11] Im Rahmen der

---

10 Neben den ökologischen Nachhaltigkeitsherausforderungen existieren in der Literatur soziale, ökonomische und Integrationsherausforderungen. Detaillierte Ausführungen bieten Schaltegger et al. (2007, 14-18) und Girmscheid/Selberherr (2012, 405-406).

11 Weitere Instrumente sind z. B. Öko-Audits, der von der Global Reporting Initiative entwickelte GRI Index, oder die Balanced Scorecard (vgl. Schaltegger et al. 2003, 332).

Ökobilanz[12] werden bspw. alle Emissionen, die über den gesamten Produktlebenszyklus (Herstellung, Nutzung, Entsorgung) hinweg entstehen, erfasst und, z. B. durch die Berechnung eines CO2-Fußabdrucks, bewertet (vgl. Melville 2010, 8; Schaltegger et al. 2007, 81-82).[13] An dieser Stelle nimmt das nachhaltige GPM eine Schlüsselfunktion ein. Es dient u. a. zur Erfassung und Analyse von Nachhaltigkeitsindikatoren sowie der Optimierung ökologischer Zielwerte (vgl. Cooper/Molla 2010, 2; Ameri/Dutta 2005, 584).

## 2.2 Geschäftsprozessmanagement im Kontext ökologischer Nachhaltigkeit

Unternehmerische Tätigkeiten werden z. B. durch steigende Variantenvielfalt in der Produktion zunehmend komplexer und erfordern erhöhten Koordinations- und Abstimmungsaufwand. Sowohl innerbetrieblich als auch außerbetrieblich sind viele verschiedene Personen, Firmen oder Ressourcen an betrieblichen Abläufen beteiligt (vgl. Becker/Kahn 2012, 3). Traditionell werden diese Abläufe anhand ökonomischer Größen wie Zeit, Kosten, Effizienz oder Qualität analysiert und optimiert. Da das Bewusstsein für die Verbesserung der ökologischen Nachhaltigkeit bei Unternehmen steigt, wächst auch die Forderung nach der Berücksichtigung ökologischer Größen (vgl. Seidel et al. 2012, 4).

Vor diesem Hintergrund hilft das im Folgenden vorgestellte Konzept des GPMs, Transparenz in komplexen Abläufen zu schaffen und diese anhand von Zielgrößen zu analysieren und zu optimieren. Neben einer Begriffsdefinition umfassen die Erläuterungen die Beschreibung der Aufgaben innerhalb des Lebenszyklus eines konventionellen GPMs. Darauf aufbauend folgt die Darstellung der Relevanz der ökologischen Nachhaltigkeit für das GPM und insbesondere das damit verbundene Konzept des grünen GPMs.

---

12 Als offizielle „Richtlinien zur Durchführung von Ökobilanzen dienen z. B. die ISO-Normen 14040 bis 14043“ (Schaltegger et al. 2007, 81) oder das Handbuch für Lebenszyklusanalyse der Europäischen Union (vgl. EU 2010).

13 Die im Rahmen der Ökobilanz durchgeführte Produktlebenszyklusanalyse (engl.: life cycle assessment) wird aus der folgenden Untersuchung ausgeschlossen, da sie die Stoffströme eines Produktes über dessen gesamten Lebenszyklus hinweg fokussiert und nicht primär Geschäftsprozesse und deren zugrundliegende Infrastruktur betrachtet. Horne et al. (2009) bieten eine detaillierte Beschreibung des Konzepts.

### 2.2.1 Aufgaben des konventionellen Geschäftsprozessmanagements

Unternehmen streben nach einer effizienten Ausführung von Tätigkeiten, die zu einer Optimierung und Perfektionierung einzelner Funktionsbereiche geführt hat (Funktionsorientierung). In den Bereichen Produktion und Logistik haben bspw. technische und organisatorische Entwicklungen durch den Einsatz neuer Informations- und Kommunikationstechnologien (IKT) zu Steigerungen von Produktivität und Qualität geführt (vgl. Becker/Kahn 2012, 4). Gleichzeitig führte dies jedoch zu ausgeprägter Autonomie der jeweiligen Funktionsbereiche, sodass die Abstimmung und Koordination zwischen den Bereichen fortlaufend komplexer und kostenintensiver wurde.

Um ein Unternehmen jedoch in seiner Gesamtheit zu stärken, ist eine Fokussierung auf die Prozesse und deren Interaktion notwendig (vgl. Becker/Kahn 2012, 4). Das Geschäftsprozessmanagement befasst sich u. a. mit der Durchführung dieser Prozesse sowie der dazu notwendigen Koordination zeitlicher und räumlicher Aspekte (Wer macht was? Wann? Womit?) (vgl. Becker/Kahn 2012, 4; Esswein 1993, 551).

**Prozessdefinition**

Prozesse bilden die elementaren Bestandteile des GPMs[14] und werden in der wissenschaftlichen Literatur wie folgt definiert: Hammer/Champy (1996, 35) verstehen unter einem Geschäftsprozess eine Menge von Aktivitäten, für die ein oder mehrere unterschiedliche Voraussetzungen (Inputs) benötigt werden und die für einen Kunden ein Ergebnis (Output) erzeugen (siehe Abbildung 2-2). Input und Output des Geschäftsprozesses „ist eine Leistung, die von einem internen oder externen ‚Kunden' angefordert und abgenommen wird" (Scheer 2002, 3).

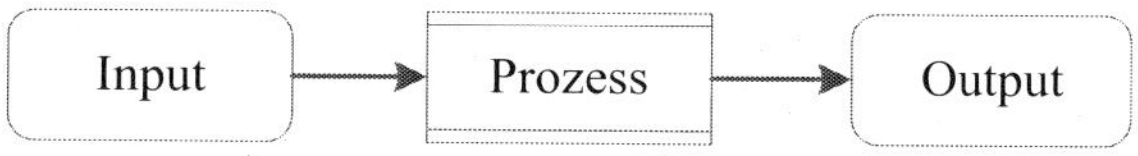


Abbildung 2-2: Input-Output-Beziehung eines Geschäftsprozesses (Quellen: Wilhelm 2007, 1; DIN ISO 9000 2005, 8)

[14] Die Ursprünge des GPM liegen in verschiedenen Managementkonzepten wie Kaizen, Business Reengeneering und Total Quality Management (vgl. Gadatsch 2010, 11; Becker et al. 2009, 2; vom Brocke et al. 2011, 394). Hieraus hervorgehend erfolgte erstmals das grundlegende Überdenken des Unternehmens und seiner Unternehmensprozesse, um Kosten zu senken und die Produktqualität zu verbessern (vgl. Hammer/Champy 1996, 48).

Becker/Schütte (2004, 107) erweitern diese Definition, indem sie den Prozessbegriff weiter spezifizieren. Demnach ist ein Geschäftsprozess eine "inhaltlich abgeschlossene, zeitliche und sachlogische Folge von Aktivitäten, die zur Erfüllung einer betriebswirtschaftlich relevanten Aufgabe“ notwendig sind. Prozesse umfassen sowohl innerbetriebliche als auch unternehmensübergreifende Aktivitäten. Die Prozessdefinition ermöglicht sowohl die Gesamtbetrachtung eines umfassenden Prozesses, z. B. die Abwicklung eines Auftrags vom Auftragseingang bis zur Auslieferung des fertigen Produktes, als auch die detaillierte Untersuchung kleinster Teilprozesse, z. B. die Erstellung eines Besprechungsprotokolls. Prozesse lassen sich somit auf unterschiedlichen Ebenen und in unterschiedlichen Detaillierungsgraden analysieren (vgl. Allweyer 2005, 55; Weske 2007, 5). Dabei dient ein Geschäftsprozess der Erfüllung der obersten Ziele einer Unternehmung (vgl. Becker/Kahn 2012, 6).

**Aufgaben des GPM**

In Unternehmen existiert oft eine Vielzahl unterschiedlicher (Teil-)Prozesse in verschiedenen Abteilungen und mit abweichenden Zuständigkeiten, die sich teilweise gegenseitig beeinflussen. Dadurch entstehen komplexe Prozess- und Organisationsstrukturen, deren inner- und überbetriebliche Planung, Steuerung und Kontrolle Gegenstand des GPMs sind (vgl. Kugeler 2001, 186). Es stellt Methoden, Konzepte und Techniken für den Entwurf, die Konfiguration, die Verwaltung und die Analyse von Geschäftsprozessen bereit (vgl. Weske 2007, 5; Rosemann/de Bruin 2005, 2; Houy et al. 2012, 77; vom Brocke et al. 2011, 394). Dadurch sind Unternehmen in der Lage, betriebliche Abläufe u. a. kostengünstiger, schneller und gleichzeitig flexibler zu gestalten. Außerdem können Zielwerte überprüft oder Schwachstellen erkannt und beseitigt werden (vgl. Hammer 2010, 7).

Die Ansätze des GPMs ermöglichen eine zielgerichtete Steuerung von Geschäftsprozessen und unterstützen somit die Erreichung strategischer und operativer Ziele eines Unternehmens (vgl. Hammer 2010, 7; Schmelzer/Sesselmann 2010, 6). Das Management von Geschäftsprozessen wird in der Literatur häufig anhand eines kontinuierlich durchlaufenen Regelkreises mit mehreren unterschiedlichen Phasen beschrieben. Der in Abbildung 2-3 visualisierte Lebenszyklus fasst essentielle Aufgaben des GPMs zusammen (vgl. Houy 2010, 623).[15]

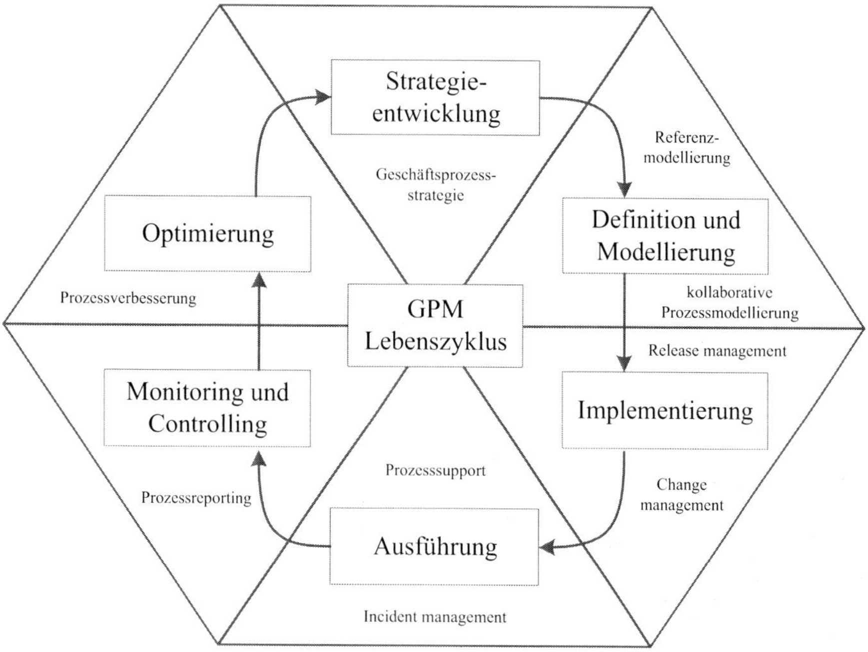


Abbildung 2-3: GPM-Lebenszyklus (Quellen: Houy 2010, 379; Rosemann/vom Brocke 2010, 109)

Die Phase der *Strategieentwicklung* identifiziert, basierend auf der allgemeinen Unternehmensstrategie sowie strategischen Partnerschaften, unternehmensinterne und -übergreifende Prozesse (vgl. Houy et al. 2011a, 378). Die Prozessstrategie legt fest, welche Geschäftsprozesse erforderlich und welche strategischen Ziele umzusetzen sind (vgl. Schmelzer/Sesselmann 2010, 6). Der GPM-Lebenszyklus stellt einen kontinuierlichen Verbesserungsprozess dar, d. h. die Qualität prozessbezogener Informationen wird schrittweise erhöht. Auf Basis der während des Prozesslebenszyklus gesammelten Daten wird die Prozessstrategie sukzessiv weiterentwickelt. Zudem werden neue strategische Ziele definiert (vgl. Houy et al. 2011a, 378; van Looy 2010, 689).

Die Identifikation sowie strategische Ausrichtung der Prozesse ist besonders für die folgende *Definitions- und Modellierungsphase* von Bedeutung. Diese Phase dient der Entwicklung von Prozessmodellen und bildet die Grundlage aller weiteren GPM Aktivi-

---

15 Für einen Überblick unterschiedlicher in der wissenschaftlichen Literatur existierender GPM-Lebenszyklen wird auf Houy et al. (2010, 622) verwiesen.

täten (vgl. Houy et al. 2011a, 379). Prozessmodelle stellen den Ablauf betrieblicher Tätigkeiten sowie die daran beteiligten Ressourcen wie bspw. Personen, technische Geräte oder Datenbestände in grafischer Form dar. Dies erhöht die Transparenz komplexer Sachverhalte und ermöglicht den Beteiligten, die Zusammenhänge zu verstehen. Prozessmodelle dienen der Schulung von Mitarbeitern und erhöhen das Verständnis über Tätigkeiten, Rollen oder Schnittstellen. Die Dokumentation von Standardprozessen hilft darüber hinaus, Fehler zu vermeiden und somit Kosten einzusparen. Des Weiteren bilden Prozessmodelle die Basis für die IT-gestützte Analyse und Optimierung der Geschäftsprozesse (vgl. Koch 2011, 47-48; Schwegmann/Laske 2012, 165-167; Polyvyanyy et al. 2010, 149-150). Für die Erstellung der Prozessmodelle kommen standardisierte Beschreibungssprachen (Modellierungssprachen) zum Einsatz. Diese enthalten vordefinierte Elemente und Regeln, mit denen sich die Prozesse grafisch darstellen und analysieren lassen (vgl. Koch 2011, 51).[16] Beispiele für in der Praxis häufig verwendete Modellierungssprachen sind die Business Process Model and Notation (BPMN), Ereignisgesteuerte Prozesskette (EPK) oder die Unified Modelling Language (UML) (vgl. Ko et al. 2009, 755).[17]

Auf die Modellierungsphase folgt die *Implementierungsphase*, in der die theoretischen Prozessmodelle in die Praxis umgesetzt werden. Technische Ressourcen oder Softwaresysteme, die in den Prozessen zum Einsatz kommen, werden entsprechend konfiguriert, installiert und an die bestehenden Systeme angebunden. Im Anschluss werden die Systeme auf ihre fehlerfreie Funktionsweise getestet. Mitarbeiter, die in die jeweiligen Prozesse involviert sind, werden über Änderungen bzw. Neuerungen informiert und entsprechend geschult (vgl. Weske 2007, 13; Hansmann et al. 2012, 277-278).

Während der *Ausführungsphase* werden der reibungslose Ablauf der Prozesse überwacht und alle benötigten Ressourcen bzw. Daten zur Verfügung gestellt. Treten Komplikationen auf, sorgen zuständige Ansprechpartner für entsprechenden Support bei der Problemlösung. Durch die flexible Anpassung an sich verändernde Geschäftsanforderungen (z. B. Änderungswünsche von Kunden) wird die Prozessperformance verbessert

---

[16] Um eine hohe Qualität der Prozessmodelle zu gewährleisten, formulieren Rosemann et al. (2012, 49-51) die sechs Grundsätze der ordnungsgemäßen Modellierung.

[17] Eine Klassifizierung existierender Modellierungssprachen erfolgt durch Gadatsch (2010, 63-100) und Ko et al. (2009, 750-784).

bzw. auf konstantem Niveau gehalten (vgl. Houy et al. 2011a, 379; Neumann et al. 2012, 330).

Die *Monitoring- und Controlling*-Phase sammelt Informationen über den Erfolg, die Leistung oder die Auslastung der implementierten Prozesse. Die Daten werden aggregiert und zu Kennzahlen, sog. Key Performance Indicators (KPIs), zusammengefasst (vgl. Weske 2007, 15). Finanzielle, quantitative, qualitative oder zeit-basierte KPIs ermöglichen es, Aussagen darüber zu treffen, wie erfolgreich die Umsetzung der Prozessmodelle verlaufen ist und inwiefern die Zielkriterien erreicht wurden (vgl. Rosemann/vom Brocke 2010, 115; Weske 2007, 25).[18]

Auf Basis der erstellten KPIs werden die Prozesse in der *Optimierungsphase* analysiert und z. B. Schwachstellen identifiziert und abgebaut. Die Prozesse werden hinsichtlich ökonomischer Erfolgsfaktoren wie Kosten, Qualität, Zeit und Flexibilität optimiert. Die erarbeiteten Verbesserungen bilden die Grundlage für die strategische Weiterentwicklung der Prozesse und werden in die folgende Prozessmodellierung integriert (Redesign) (vgl. Houy et al. 2011a, 380; Gadatsch 2010, 19).

Bei den beschriebenen Phasen des GPMs ist zu beachten, dass diese in der unternehmerischen Praxis aufgrund von Überschneidungen nicht eindeutig voneinander abgegrenzt werden können. Weiterführend können das GPM und dessen Aufgaben für eine erfolgreiche Implementierung und Nutzung keinesfalls separat betrachtet werden, sondern müssen als ganzheitliche Managementdisziplin im Unternehmen integriert werden (vgl. Rosemann/vom Brocke 2010, 107). Alle Aktivitäten orientieren sich an übergeordneten Governance-Strukturen im Unternehmen und sind auf die Konzernstrategie abzustimmen. Außerdem beeinflussen die jeweilige Unternehmenskultur sowie die Mitarbeiter mit ihrem Wissen und ihren Fähigkeiten den Erfolg des GPMs (vgl. Rosemann/vom Brocke 2010, 112; Schmelzer/Sesselmann 2010, 8-11). Auf die genaue Bedeutung dieser Elemente, insbesondere im Kontext ökologischer Nachhaltigkeit, wird in Kapitel 3.2 eingegangen.

Bei der Umsetzung des GPM dienen Informationssysteme (IS) als grundlegendes Instrument, um sowohl den operativen Ablauf der Geschäftsprozesse, als auch einzelne

---

[18] Das Konzept der Balanced Scorecard stellt bspw. ein standardisiertes Vorgehen zur Messung und Dokumentation von Geschäftsprozessen zur Verfügung (vgl. Rosemann/vom Brocke 2010, 118).

Phasen des Lebenszyklus durch Hardware- und Softwaresysteme zu unterstützen.[19] Umfassende GPM-Tools bieten dem Anwender Funktionen zur Analyse, Modellierung, Simulation, Messung und Optimierung der Geschäftsprozesse.[20] Technische Innovationen im Bereich der Informationstechnologie (IT) helfen, die Effizienz von Prozessen zu verbessern (vgl. Rosemann/vom Brocke 2010, 118-119; Schmelzer/Sesselmann 2011, 412).[21] Das Sammeln von Informationen über Energie- und Ressourcenverbräuche, Abfallmengen und Emissionswerte führt zu mehr Transparenz in den Geschäftsprozessen und hilft, diese nachhaltig zu verbessern (vgl. Watson et al. 2010, 24).

### 2.2.2 Ökologisch nachhaltiges Geschäftsprozessmanagement

Die in Kapitel 2.1.3 beschriebene wachsende Relevanz der ökologischen Nachhaltigkeit für das Management sowie die Entwicklung des GPMs als Managementdisziplin haben dazu geführt, dass in der wissenschaftlichen Literatur der Begriff des *Green Business Process Management (BPM)* diskutiert wird (vgl. Seidel et al. 2012, 4; Pernici et al. 2011, 6). „Green" bezieht sich dabei auf die in Kapitel 2.1.2 erwähnten Ziele der ökologischen Nachhaltigkeit und wird synonym für den Ausdruck „ökologisch nachhaltig" bzw. „grün" verwendet (vgl. Ijab et al. 2010, 435). Gleiches gilt für den Begriff *BPM*, der als englisches Äquivalent für GPM verwendet wird.

Nach Houy et al. (2011b, 504) kann jeder Aktivität eines Geschäftsprozesses eine Umweltwirkung wie bspw. Energieverbrauch oder Produktion von Müll zugeordnet werden. Somit ist das Problem der Nachhaltigkeit ebenfalls auf das GPM übertragbar.

**Ökologisch nachhaltige Geschäftsprozesse**

Seidel/Recker (2012, 3-4) charakterisieren einen ökologisch nachhaltigen Geschäftsprozess auf Basis der in Kapitel 2.2.1 beschriebenen Input-Output-Beziehung eines Prozesses. Demnach versucht ein grüner Geschäftsprozess den Einsatz erneuerbarer Ressour-

---

[19] Aus diesem Grund ist das GPM in der Forschung im Bereich der IS-Forschung angesiedelt (vgl. Aubertin et al. 2012, 1; Houy et al. 2010, 619).

[20] Der operative Ablauf wird durch Standardsoftware wie bspw. Enterprise Resource Planning (ERP) oder Supply Chain Management (SCM) Software unterstützt (Schmelzer/Sesselmann 2011, 421). Binner/Schnägelberger (2011, 121-124) geben eine Übersicht zu am Markt existierenden GPM-Tools.

[21] Schmelzer/Sesselmann (2011, 411-444) stellen die Rolle der IT innerhalb des GPM ausführlich dar.

cen zu maximieren und gleichzeitig den nicht-erneuerbarer Inputs zu minimieren. Er strebt die Minimierung derjenigen, durch den Prozess verursachten Emissionen (Outputs) an, die die Aufnahmekapazität der Umwelt für Schadstoffe überschreiten.[22] Ein grüner Geschäftsprozess maximiert die Ressourceneffizienz sowie den Einsatz erneuerbarer Ressourcen. Nicht vermeidbare, negative Umweltwirkungen werden auf ein Minimum reduziert, sodass sie die natürliche Grundlage zukünftiger Generationen nicht gefährden.

Ein ökologisch nachhaltiger Geschäftsprozess zieht die Optimierung ökologischer Zielgrößen den ökonomischen Werten vor, bspw. wird die Ressourceneffizienz höher priorisiert als der wirtschaftliche Durchsatz eines Geschäftsprozesses (vgl. Seidel/Recker 2012, 4; Pernici et al. 2011, 7).

### Ökologisch nachhaltiges Management

Grünes GPM verbindet die Aspekte der ökologischen Nachhaltigkeit mit dem Management von Geschäftsprozessen. Hierzu zählen alle Aktivitäten im Rahmen des GPM die zum Monitoring oder der Reduktion von Umweltwirkungen eines Unternehmens beitragen (vgl. Pernici et al. 2011, 6). Grünes GPM stellt Techniken für das Design, Controlling, die Ausführung, Modellierung sowie Analyse von Geschäftsprozessen hinsichtlich ihrer ökologischen Nachhaltigkeit bereit. Es orientiert sich dabei an der übergeordneten Unternehmensstrategie sowie den Nachhaltigkeitszielen des Unternehmens (vgl. Houy et al. 2012, 78; Seidel et al. 2012, 7). Prozesse werden nicht mehr nur anhand der klassischen Leistungskriterien Kosten, Qualität, Zeit und Flexibilität analysiert und optimiert, sondern berücksichtigen auch ökologische Aspekte (vgl. Seidel et al. 2012, 4; Pernici et al. 2011, 6; Nowak et al. 2011, 1) (siehe Abbildung 2-4). Ein Prozess wird als nachhaltig bezeichnet, wenn dieser zur Wertschöpfung des Produkts oder Unternehmens beiträgt, und gleichzeitig die durch den Prozess verursachten Umweltwirkungen minimiert werden (z. B. durch Reduktion von Müll oder Energieverbrauch) (vgl. Seidel/Recker 2012, 1; Pernici et al. 2011, 7).

---

[22] Gleichzeitig maximiert ein grüner Prozess die Emissionen, die die Aufnahmekapazität der Umwelt nicht überschreiten (vgl. Seidel/Recker 2012, 4).

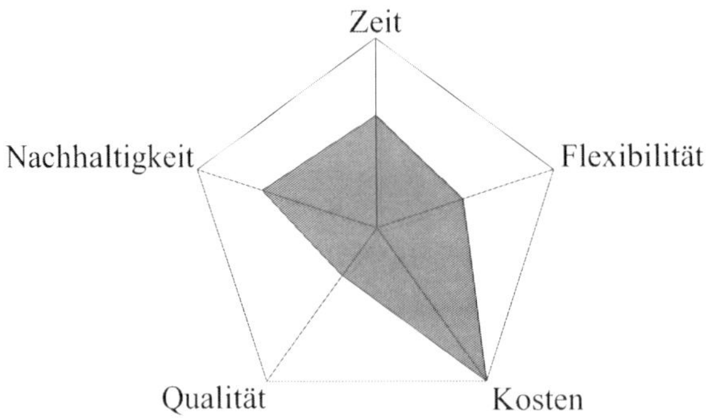


Abbildung 2-4: Teufelsquadrat für nachhaltiges GPM (Quelle: Seidel et al. 2012, 4)

Grünes GPM verfolgt das Ziel der Nachhaltigkeit, indem z. B. nachhaltige Technologien eingesetzt werden (vgl. Seidel et al. 2012, 7). Neue technische Geräte führen zu weniger Energieverbrauch bei gleichem Output. Die dadurch erhöhte Energieeffizienz reduziert den Energieverbrauch der Prozesse und führt somit zu weniger $CO_2$-Ausstoß (vgl. Pernici 2011, 2-3).

Die IT dient als wichtiger Unterstützer bei der Analyse, Messung und Optimierung von Geschäftsprozessen sowohl hinsichtlich der klassischen Kriterien, als auch bezüglich der ökologischen Nachhaltigkeit. Speziell auf die Ökologie ausgerichtete KPIs können bspw. den Stromverbrauch von Geschäftsprozessen erfassen und somit zur Entwicklung grüner Prozesse beitragen. Die IT unterstützt die Änderung und Optimierung der Geschäftsprozesse, indem sie Daten sammelt und analysiert und Technologien bereitstellt, die zur Verbesserung der Prozesse führen.[23] Dieser Veränderungsprozess hat zur Folge, dass Geschäftsprozesse und damit das gesamte Unternehmen ökologisch effizienter und dadurch nachhaltiger werden (vgl. Seidel et al. 2012, 6-7; Recker 2011, 2; Pernici et al. 2011, 7).

Der fortlaufende Kreislauf des GPM führt dazu, dass die verbesserten Prozesse einer ständigen Überprüfung unterliegen und dadurch wieder neue Optimierungsanforderungen an die Prozesse stellen (vgl. Houy 2010, 504).

**Grüner GPM-Lebenszyklus**

---

[23] Die ressourcenschonende Verwendung von Energie und technischen Geräten wird in der wissenschaftlichen Literatur auch als *Green-IT* bezeichnet und dient u. a. der Umsetzung des nachhaltigen GPMs (vgl. Watson et al. 2007, 2). Eine ausführliche Übersicht möglicher Maßnahmen zur Umsetzung der Green-IT geben Ozturk et al. (2011, 5-8) und Mann et al. (2009).

Um nachhaltiges GPM im Unternehmen umzusetzen, ist die Berücksichtigung nachhaltiger Kriterien in jeder Phase des GPM-Lebenszyklus notwendig (vgl. Nowak et al. 2011c, 571; Houy et al. 2011b, 508).

Die GPM-Strategie wird um Nachhaltigkeitsziele erweitert, indem diese z. B. in einer Sustainability Balanced Scorecard dokumentiert und verankert werden (vgl. Houy et al. 2011b, 507; Schmidt et al. 2009, 8). Bei der Modellierung der Geschäftsprozesse werden aktuell verursachte Umweltwirkungen mitberücksichtigt. Die einzelnen Aktivitäten werden mit Daten z. B. zum Stromverbrauch hinterlegt. Auf dieser Grundlage können die Umweltwirkungen optimiert und verbessert werden (vgl. Houy et al. 2011b, 508; Meyer/Teuteberg 2012, 1524).

Die modellierten Prozesse werden so implementiert, dass sie einen möglichst nachhaltigen Ablauf gewährleisten. Auch der Implementierungsprozess selbst kann ökologisch nachhaltig gestaltet werden. Bei der Abstimmung mit Partnern können z. B. Videokonferenzen gegenüber Dienstreisen den CO2-Ausstoß reduzieren. Während der Ausführung der Prozesse können mitunter Workflow Management Systeme dabei helfen, den Papierverbrauch zu senken. Sie überwachen und steuern den Ablauf der Prozesse und ermöglichen das digitale Management von Dokumenten (vgl. Houy et al. 2011b, 508; Meyer/Teuteberg 2012, 1524).

Das Monitoring erfasst neben ökonomischen Kennzahlen auch ökologische Werte wie z. B. den Stromverbrauch der in den Prozessen zum Einsatz kommenden technischen Geräte. Diese Werte dienen der Überprüfung der Nachhaltigkeitsziele des Unternehmens und stellen die Basis für die Optimierung der Prozesse dar. Schwachstellen in Bezug auf die ökologische Verträglichkeit der Prozesse werden identifiziert und Verbesserungen erarbeitet (vgl. Houy et al. 2011b, 508; Meyer/Teuteberg 2012, 1525; Nowak et al. 2011c, 572).

Zusammenfassend ist festzuhalten, dass im Rahmen des grünen GPMs die durch Geschäftsprozesse entstehenden Umweltwirkungen verringert werden, ohne dabei die Wettbewerbsfähigkeit des Unternehmens zu beinträchtigen. Dadurch wird die ökologische Effizienz des Unternehmens langfristig verbessert (vgl. Houy et al. 2011b, 504). Grünes GPM verbindet die Planung, Durchführung und Überwachung von Geschäftsprozessen mit der Erfassung und Optimierung ökologischer Kennzahlen. Zur Umsetzung des grünen GPMs kommen Softwaresysteme zum Einsatz, die Prozesse und Kennzahlen abbilden und somit zur Transparenz beitragen.

## 2.3 Readiness als Fähigkeit nachhaltig zu handeln

Das englische Wort *readiness* wird im deutschen Sprachgebrauch mit „Bereitschaft" oder „Bereitwilligkeit" übersetzt (vgl. Pons 2013, Dict 2013, Thesaurus 2013). Der in dieser Arbeit verwendete Begriff bezeichnet das Konzept der readiness, für welches in der deutschen Sprache keine adäquate Übersetzung existiert, die das Gesamtverständnis eindeutig zum Ausdruck bringt. Aus diesem Grund wird in der vorliegenden Arbeit der englische Terminus verwendet.

Das Konzept der readiness wurde erstmals von der National Aeronautics and Space Administration (NASA) im Jahr 1988 bei der Einführung des Technology Readiness Levels verwendet, der den Entwicklungsfortschritt einer Technologie bewertet (vgl. Parasuraman 2000, 308). Abgeleitet von der Raumfahrt findet das Konzept inzwischen auch in anderen Bereichen Anwendung. Der „Network Readiness Index" (NRI) des World Economic Forum misst bspw. die Fähigkeit einer Volkswirtschaft, die Möglichkeiten der Informations- und Kommunikationstechnologie (IKT) auszuschöpfen (vgl. WEF 2013, 1).[24]

Die dieser Arbeit zugrundeliegende theoretische Basis der readiness folgt der Definition von Molla et al. (2009, 3-4; 2011, 71-72), die den Begriff im Rahmen der Green-IT-readiness verwenden.[25] Die Autoren identifizieren die readiness als Indikator für die Flexibilität eines Unternehmens und der damit verbundenen Fähigkeit, Prozesse ständig zu erarbeiten, zu überarbeiten und zu verbessern.

Die readiness von Unternehmen besteht in der individuellen Eignung, materielle und immaterielle Ressourcen zu nutzen und daraus einen gewinnbringenden Output zu generieren. Bezogen auf den Einsatz von grünem GPM bedeutet dies die Fähigkeit, physi-

---

[24] Der NRI wird jährlich vom World Economic Forum für 144 Volkswirtschaften berechnet. Im Jahr 2012 belegte Finnland den ersten Platz, vor Singapur und Schweden (vgl. WEF 2013, 1).

[25] Die Definition von Molla et al. hat sich in der IKT-Literatur etabliert und wird auch von Autoren wie z. B. Wabwoba et al. (2013, 51) vertreten.

sche und menschliche Ressourcen, Prozesse und Vermögen so einzusetzen, dass ein nachhaltiges GPM gewährleistet ist (vgl. Molla et al. 2011, 71).

Jedes Unternehmen besitzt unterschiedliche Schwerpunkte, wodurch auch die Fähigkeiten firmenspezifisch verteilt und verschieden stark ausgeprägt sind. Die einzelnen Fähigkeiten von Unternehmen entwickeln sich z. B. durch Erfahrungswerte ständig weiter. Aufgrund des abweichenden Fortschritts der Fähigkeiten besitzt jedes Unternehmen eine individuelle Entwicklungsstufe (Reife). Die Messung des Reifegrads bestimmter Fähigkeiten erfolgt, je nach Anwendungsbereich, durch spezialisierte Reifegradmodelle (vgl. Molla et al. 2011, 71-72). Das Capability Maturity Model beurteilt bspw. die Qualität des Softwareentwicklungsprozesses und ordnet diese einer der chronologisch aufeinander aufbauenden Reifestufen zu (vgl. Molla et al. 2011, 71-72; Humphrey 1988, 76).

Die readiness für nachhaltiges GPM ist definiert als die Fähigkeit eines Unternehmens, das GPM anhand ökologischer Kriterien auszurichten und zu optimieren. Dabei wird der Fortschritt bestimmter Fähigkeiten eines Unternehmens zu einem bestimmten Zeitpunkt gemessen. Die readiness beinhaltet die Messung des Reifegrads und bewertet diesen, im Unterschied zu existierenden Reifegradmodellen, jedoch nicht anhand verschiedener Reifestufen (vgl. Molla et al. 2011, 72; Molla et al. 2009, 4). Im Gegensatz zu Reifegradmodellen findet bei der readiness keine Kategorisierung in Form eines Soll-Ist-Vergleichs statt (vgl. Cleven et al. 2012, 114; Becker et al. 2012, 332).

Ein Unternehmen besitzt eine readiness für grünes GPM (Green-BPM-readiness), wenn Input und Output der Prozesse, die Geschäftsprozesse selbst sowie das Management nachhaltig gestaltet sind. Die readiness für grünes GPM ist die Voraussetzung, um ein erfolgreiches, nachhaltiges GPM einführen und umsetzen zu können. Ist ein Unternehmen nicht bereit nachhaltige Prozesse und Technologien einzusetzen, ist ökologisches Wirtschaften nicht möglich. Weiterhin hilft die Bewertung der readiness einem Unternehmen Hürden auf dem Weg zu einem optimalen, grünen GPM zu identifizieren und dadurch strategische Ziele für den Verbesserungsprozess festzulegen (vgl. Molla et al. 2008, 671). Anhand des in der vorliegenden Arbeit entwickelten Modells wird untersucht, welche Faktoren Einfluss auf die readiness für grünes GPM eines Unternehmens haben.

# 3 Methodik

In diesem Kapitel wird das methodische Vorgehen zur Beantwortung der im ersten Kapitel aufgestellten Forschungsfragen ausführlich erläutert. Aus dem der Arbeit zugrundeliegenden Untersuchungsgegenstand ergibt sich die zentrale Frage, welche Faktoren in einem Green-BPM-readiness-Modell eine Rolle spielen. Um diese Forschungsfrage zu beantworten werden vier aufeinander folgende Schritte durchgeführt:

- Literaturrecherche
- Modellentwicklung
- Datenerhebung
- Modellevaluierung

Zunächst ist eine ausführliche Recherche und Auswertung bereits vorhandener wissenschaftlicher Green-BPM-readiness-Literatur erforderlich. Dieser Schritt stellt sicher, dass die Beantwortung der behandelten Forschungsfrage einen wissenschaftlichen Mehrwert generiert. Die dazu durchgeführte systematische Literaturrecherche wird zunächst in Kapitel 3.1 mitsamt der infolgedessen ermittelten Literatur dargestellt.

Aufbauend auf dem Literaturüberblick wird anschließend das zur Beantwortung der Forschungsfragen notwendige Modell der Green-BPM-readiness entwickelt und ausführlich erläutert. Aus den theoretischen Überlegungen werden empirisch messbare Konstrukte abgeleitet, anhand derer eine Datenerhebung in Form einer Onlineumfrage durchgeführt wird. Das Umfragedesign und die Vorgehensweise werden in Kapitel 3.3 dargestellt. Die Systematik der für die Evaluierung des Modells genutzten statistischen Methoden wird in Kapitel 3.4 umfassend veranschaulicht.

## 3.1 Literaturrecherche

Um einen Einblick in die Thematik der readiness für nachhaltiges GPM zu erhalten und relevante Zusammenhänge zu identifizieren, wurde zu Beginn der Untersuchung eine breitgefächerte Literaturrecherche durchgeführt. Die ermittelte Literatur stellt die Grundlage für die Entwicklung eines Green-BPM-readiness-Modells dar. Somit ist eine umfassende Literaturrecherche zur erfolgreichen Beantwortung der Forschungsfrage von hoher Relevanz.

Die einzelnen Arbeitsschritte der durchgeführten systematischen Literaturrecherche werden im ersten Unterkapitel erörtert. Anschließend folgt im zweiten Unterkapitel die Auswertung der in Folge der Literatursuche ermittelten Literatur.

### 3.1.1 Durchführung der Literaturrecherche

Die zu Beginn der Untersuchung durchgeführte Literaturrecherche dient im weiteren Verlauf der Arbeit als Basis für die Entwicklung des theoretischen readiness-Modells. Aus diesem Grund strebt die Literaturrecherche einen hohen Vollständigkeitsgrad hinsichtlich themenrelevanter, wissenschaftlicher Literatur an. Die nachfolgend beschriebenen Arbeitsschritte wurden in Anlehnung an Booth (2006, 424-428) durchgeführt.

**Auswahl verwendeter Datenbanken und Suchmaschinen**

Um eine möglichst umfassende Bestandsaufnahme relevanter Literatur zu ermöglichen, wurde für die Recherche auf verschiedene Literaturdatenbanken und Onlinesuchmaschinen zurückgegriffen. Ausgangspunkt bildeten der Göttinger Universitätskatalog (GUK), die Elektronische Zeitschriften Bibliothek (EZB) und das Datenbank-Infosystem (DBIS) der niedersächsischen Staats- und Universitätsbibliothek (SUB) Göttingen. Diese ermöglichten auch den Zugriff auf weitere lizenzpflichtige elektronische Ressourcen.[26]

**Auswahl relevanter Schlüsselbegriffe**

Um eine effektive und zielführende Literaturrecherche zu gewährleisten, ist die Wahl der verwendeten Suchbegriffe von zentraler Bedeutung. Dazu wurden anhand des Titels dieser Arbeit die zentralen Suchbegriffe abgeleitet. Diese umfassten neben Synonymen (z. B. grün für nachhaltig) und Abkürzungen (z. B. GPM für Geschäftsprozessmanagement) weitere thematisch relevante Oberbegriffe oder sinngemäße Spezialisierungen (z. B. nachhaltiges Prozess-Reengeneering). Darüber hinaus wurde bei der Suche zweisprachig, sowohl mit englischen als auch deutschen Übersetzungen, gearbeitet.[27]

---

[26] Abbildung 0-1 im Anhang stellt die für die Literaturrecherche eingesetzten Suchmaschinen vollständig dar.

[27] Eine Liste der primär verwendeten Suchbegriffe befindet sich im Anhang (siehe Abbildung 0-2).

**Festlegung der Suchstrategie**

Um mit den herausgearbeiteten Schlüsselbegriffen relevante Literatur zu erheben, wurden bei der Suche hauptsächlich die Titel- und die Schlagwortsuche verwendet. Zudem wurden einzelne, zusammengehörige Schlüsselbegriffe mit Hilfe von Boolschen Operatoren miteinander verknüpft (z. B. green AND BPM).

**Festlegung verwendeter Suchfilter**

Die durch die Suche generierten Ergebnisse wurden nach Art des Mediums gefiltert, sodass lediglich englisch und deutschsprachige wissenschaftliche Monographien, Artikel aus wissenschaftlichen Fachzeitschriften und Sammelwerken, Konferenzbeiträge und Tagungsbände sowie Abschlussberichte und Zeitungsartikel mit in die Betrachtung aufgenommen wurden.

**Sichtung der Literatur**

Die letztendlich ermittelten Arbeiten wurden analysiert und anhand inhaltlicher Kriterien auf ihre Relevanz im Hinblick zur erfolgreichen Beantwortung der Forschungsfrage überprüft. Zudem wurden die Literaturverzeichnisse der Beiträge durchsucht, um weitere themenrelevante Arbeiten zu identifizieren (Rückwärtssuche).

### 3.1.2 Ergebnisse der Literaturauswertung

Nachfolgend werden die durch die Literaturrecherche resultierenden Ergebnisse vorgestellt. Dadurch wird veranschaulicht, inwiefern die in dieser Arbeit behandelten Forschungsfragen bereits in wissenschaftlichem Kontext bearbeitet wurden und ob sich einzelne Aspekte davon für die Entwicklung und Evaluierung des Green-BPM-readiness-Modells adaptieren lassen.

Bei der Recherche wurde deutlich, dass readiness-Modelle in der wissenschaftlichen Green-IS-Literatur lediglich im Rahmen mehrerer von Molla (2008) und Molla et al.

(2008, 2009, 2010, 2011) veröffentlichten Beiträgen behandelt werden.[28] Die Arbeiten dieser Autoren konnten somit als alleinige, relevante Literaturquellen im Bereich der readiness-Forschung identifiziert werden.

Molla et al. entwickeln ein Modell für die Green-IT-readiness und evaluieren dieses anhand ausgewählter statistischer Methoden. Da das nachhaltige GPM-Konzepte und Techniken der Green-IT zur Umsetzung ökologischer Ziele nutzt, bilden die Beiträge von Molla et al. somit ein thematisch verwandtes und im Rahmen der vorliegenden Arbeit, relevantes Themenfeld ab. Sie beantworten die Frage nach den Fähigkeiten, die ein Unternehmen benötigt, um Green-IT umzusetzen. Hierfür leiten die Autoren auf Grundlage ausgewählter Green-IT-Literatur Faktoren ab, die diese Fähigkeiten beeinflussen. Das resultierende Green-IT-readiness-Modell umfasst dabei die Faktoren Kultur, Strategie, Umsetzung, Technologie und Governance. Um den Einfluss dieser Faktoren auf die Green-IT-readiness zu untersuchen, leiten Molla et al. Konstrukte ab, die sie anhand einer Befragung evaluieren. Die ermittelten Daten werten sie durch eine Faktorenanalyse aus, um so den Einfluss der Faktoren auf die Green-IT-readiness statistisch nachzuweisen.

Das methodische Vorgehen von Molla et al. dient aufgrund der Einzigartigkeit in der Green-IS-Literatur als theoretisch-methodische Grundlage der vorliegenden Arbeit. Um die notwendigen Elemente für ein Green-BPM-readiness-Modell abzuleiten, wurde hauptsächlich Green-BPM-Literatur in die Auswertung einbezogen (inhaltliche Grundlage). Dabei wurden vorwiegend Arbeiten analysiert, die das GPM als ganzheitlichen Ansatz untersuchen, d. h. alle Elemente des GPM-Lebenszyklus berücksichtigen. Beiträge wie z. B. Hoesch-Klohe/Ghose (2010) konzentrieren sich auf sehr spezialisierte Teilbereiche des GPM (Prozessmodellierung in Abnoba) und wurden deswegen bei der Entwicklung des Green-BPM-readiness-Modells nicht berücksichtigt.[29] Es wird deut-

---

[28] Molla (2008) und Molla et al. (2008, 2009, 2010, 2011) behandeln die Entwicklung und Evaluierung eines Green-IT-readiness-Modells in mehreren Beiträgen, die in verschiedenen wissenschaftlichen Zeitschriften und Konferenzbänden veröffentlicht wurden. Die von Molla et al. (2011) publizierte Arbeit „The Green IT Readiness (G-Readiness) of Organizations: An Exploratory Analysis of a Construct and Instrument" bildet dabei die hauptsächliche Basis dieser Arbeit. Aus diesem Grund wird im Folgenden primär auf Molla et al. (2011) Bezug genommen.

[29] Einen vollständigen Literaturüberblick wissenschaftlicher Green-BPM-Literatur präsentieren Stolze et al. (2012).

lich, dass bisher keine Literatur existiert, die die readiness in Verbindung mit nachhaltigem GPM wissenschaftlich untersucht.[30]

## 3.2 Entwicklung eines Green-BPM-readiness-Modells

Aus der für die Beantwortung der Forschungsfrage als relevant identifizierten Literatur wurden die Elemente des Green-BPM-readiness-Modells abgeleitet.[31] Hierzu wurde die vorhandene Green-BPM-Literatur gesichtet und auf Überschneidungen analysiert. Elemente, die in der wissenschaftlichen Literatur von mehreren Autoren als essentiell für das nachhaltige GPM angesehen werden, besitzen somit auch eine hohe Relevanz für das im Rahmen dieser Arbeit entwickelte Green-BPM-readiness-Modell.

Das Ergebnis der Analyse sind die aus der wissenschaftlichen Literatur konsolidierten Kernelemente des ökologisch nachhaltigen GPMs, die im Hinblick auf die readiness von Unternehmen zu einem Modell zusammengefasst werden. Abbildung 3-1 veranschaulicht diejenigen Green-BPM-Literaturquellen, die entsprechende Kernelemente des nachhaltigen GPMs untersuchen und somit die inhaltliche Grundlage des Green-BPM-readiness-Modells darstellen. Anhand der Literatur wurden die sechs Kernelemente *Einstellung*, *Strategie*, *Governance*, *Modellierung*, *Optimierung* und *Monitoring* des Green-BPM-readiness-Modells identifiziert. Diese werden im Folgenden ausführlich beschrieben.

Eine grüne Denkweise oder Einstellung bildet die Voraussetzung für die Umsetzung nachhaltiger GPM-Maßnahmen (Inputfähigkeit). Sowohl die Strategie als auch die Governance sind Elemente, die der Managementtätigkeit eines Unternehmens zuzuordnen sind und repräsentieren dessen Transformationsfähigkeit. Die Modellierung, Optimierung und das Monitoring stellen konkrete Maßnahmen des GPM-Lebenszyklus dar und generieren einen für das Unternehmen nachhaltigen Mehrwert (Outputfähigkeit) (vgl. Molla et al. 2011, 71).

---

30 Abbildung 0-3 stellt die für die Entwicklung des Green-BPM-readiness-Modells relevante Literatur dar.

31 Dieses Vorgehen wird sowohl von Molla et al. (2011,72), als auch von Rosemann/vom Brocke (1012, 109-110) zur Entwicklung eines GPM-Modells empfohlen.

| Quelle | betrachtete Elemente | | | | | |
|---|---|---|---|---|---|---|
| | Einstellung | Strategie | Governance | Modellierung | Monitoring | Optimierung |
| Ghose et al. (2009) | | X | | X | | X |
| Houy et al. (2011b) | | X | | X | X | X |
| Meyer/Teuteberg (2012) | X | X | X | X | X | |
| Molla et al. (2011) | X | X | X | | | |
| Nowak et al. (2011b) | | X | | X | X | X |
| Nowak et al. (2011c) | | | X | X | X | X |
| Pernici et al. (2011) | X | X | X | X | | |
| Rosemann/de Bruin (2005; 2007) | X | X | X | | | |
| Seidel et al. (2011) | | | | X | X | X |
| Wabwoba et al. (2013) | X | X | X | | | |

Abbildung 3-1: Übersicht der Kernelemente nachhaltigen GPMs (eigene Darstellung)

### 3.2.1 Grüne Einstellung

Die *grüne Einstellung* bezeichnet die Geisteshaltung eines Unternehmens und dessen Mitarbeitern gegenüber ökologischer Nachhaltigkeit. Ohne eine positiv aufgeschlossene Grundeinstellung für die ökologische Nachhaltigkeit ist die Umsetzung eines grünen GPMs langfristig nicht möglich (vgl. Molla et al. 2011, 75).

Eine grüne Einstellung setzt zunächst das Bewusstsein und die Akzeptanz dafür voraus, dass Geschäftsprozesse in negativen Folgen für die Umwelt resultieren, deren Ausmaß jedoch durch nachhaltiges Handeln verringert werden können (vgl. Molla et al. 2011, 75; Wabwoba et al. 2013, 52).

Die grüne Einstellung misst im Rahmen des Green-BPM-readiness-Modells das Ausmaß, inwieweit die ökologisch nachhaltige Denkweise sowie entsprechendes Handeln im Unternehmen verwurzelt sind. Sie erfasst, in welchem Umfang die Organisation an einem ökonomisch-ökologischen Einsatz des GPMs interessiert ist bzw. wie detailliert sie sich mit entsprechenden Maßnahmen auseinander setzt (vgl. Molla et al. 2011, 75; Wabwoba et al. 2013, 52; Seidel et al. 2012, 9; Pernici et al. 2011, 15).

Durch die Einstellung zeigt ein Unternehmen den eigenen, tatsächlichen Willen und die Entschlossenheit, ökologisch nachhaltig zu handeln. Diese Einstellung ist durch Leitprinzipien, Werte und Normen und einer daraus resultierenden, grünen Unternehmenskultur abteilungsübergreifend zu verankern. Da insbesondere die Mitarbeiter die Tätigkeiten eines Unternehmens beeinflussen und an der Ausführung der Geschäftsprozesse unmittelbar beteiligt sind, werden diese u. a. durch entsprechende Schulungen für nachhaltiges Handeln sensibilisiert. Hierdurch wird eine verantwortungsvolle, bewusste ökologische Denk- und Handelsweise im gesamten Unternehmen etabliert und motiviert die Mitarbeiter nachhaltig zu agieren (vgl. Molla et al. 2011, 75; Rosemann/de Bruin 2007, 650; Pernici et al. 2011, 15; Meyer/Teuteberg 2012, 1523-1525).

Auf die grüne Einstellung von Unternehmen kann seitens der Regierung bspw. durch Gesetze, Grenzwerte und Regularien bewusst Einfluss ausgeübt werden. Daraus resultierend ergreifen Unternehmen Maßnahmen zur Reduzierung der von ihnen verursachten, negativen Umweltwirkungen (vgl. Molla et al. 2011, 75; Wabwoba et al. 2013, 51).

### 3.2.2 Grüne Strategie

Zu den Managementaufgaben des nachhaltigen GPMs gehört die Ausarbeitung einer *grünen Strategie*. Die grüne GPM-Strategie ist eng mit der Unternehmensstrategie verbunden und legt Maßnahmen innerhalb des GPM-Lebenszyklus fest, um die obersten, nachhaltigen Unternehmensziele mittel- bis langfristig zu erreichen. Als grüne Ziele werden dabei bspw. die Reduzierung der Emissionen, des Abfalls oder des Ressourcenverbrauchs verstanden (vgl. Molla et al. 2011, 84; Wabwoba et al. 2013, 52; Rosemann 2007, 649).

Die grüne GPM-Strategie dient als Rahmenwerk nachhaltigen Handelns im Bereich des GPMs und dessen Lebenszyklus und bildet die Schnittstelle zwischen Geschäftsprozessen und der unternehmensweiten, strategischen Planung und Überwachung (vgl. Rosemann 2007, 649; Wabwoba et al. 2013, 52; Pernici 2011, 15). Die Strategie versucht, die grüne Denkweise (Einstellung) im Unternehmen zu verankern und in operativen Maßnahmen umzusetzen. Dazu werden bspw. ökologische Leitlinien definiert und Mitarbeiter entsprechend geschult (vgl. Meyer/Teuteberg 2012, 9; Wabwoba et al. 2013, 52).

Die grüne GPM-Strategie definiert insbesondere Regeln und Maßnahmen für das Design, Monitoring sowie die Optimierung grüner Geschäftsprozesse und bezieht neben individuellen Prozessen auch Kunden und Lieferanten in die Maßnahmen mit ein (z. B. Green Service Levels) (vgl. Rosemann/de Bruin 2004, 17; Nowak et al. 2011b, 156). Die grüne Strategie legt sowohl den Umfang des Einsatzes technischer Hilfsmittel (z. B. Smart Meter[32] zur Messung des Energieverbrauchs), als auch der Aktivitäten von Mitarbeitern zur Verbesserung der ökologischen Nachhaltigkeit der Geschäftsprozesse fest (vgl. Molla et al. 2011, 76; Wabwoba et al. 2013, 52). Darüber hinaus werden, neben Methoden zur Prozessmodellierung und –überwachung, auch das insgesamt zur Umsetzung der Maßnahmen zur Verfügung stehende Budget fixiert (Wabwoba et al. 2013, 52). Die grüne GPM-Strategie beschreibt somit das konkrete Vorgehen zur schrittweisen Verbesserung der Nachhaltigkeit von Geschäftsprozessen (Rosemann/de Bruin 2007, 650).

Die readiness der grünen Strategie misst die systematische Integration nachhaltiger Maßnahmen im GPM-Lebenszyklus oder ob diese wiederholt angewendet werden können. Sie gibt den Strukturierungsgrad der Maßnahmen wieder und erfasst, ob diese auf unkoordinierten Bemühungen basieren. Sie erfasst den Strukturierungsgrad der unternehmensinternen Absicht, Green-BPM zu verwirklichen (vgl. Molla et al. 2011, 75-76; Wabwoba et al. 2013, 52).

### 3.2.3 Grüne Governance

Neben der grünen Strategie gehört auch eine *grüne Governance* zu den Managementaufgaben des nachhaltigen GPMs. Die Governance beschreibt ein Aufbaumodell, welches die in der Strategie festgelegten Maßnahmen zur Umsetzung nachhaltigen GPMs verwaltet und organisiert (vgl. Molla et al. 2011, 76; Wabwoba et al. 2013, 53). Sie definiert die Managementstruktur, d. h. Rollen, Entscheidungskompetenzen, Verantwor-

32 Ein „intelligenter Stromzähler“ (Smart Meter) ist ein Gerät zur Messung des tatsächlichen Strom- oder Gasverbrauchs. Smart Meter sind dabei in ein Kommunikationsnetz eingebunden und ermöglichen somit eine IT-gestützte Überwachung der erfassten Daten (vgl. Servatius et al. 2012, 209-221). Für weitere Informationen zur Funktionsweise von Smart Metern siehe Servatius et al. 2012 und Gungor et al. 2011, 530-536.

tungsbereiche sowie die Art der Kontrolle grüner GPM Maßnahmen (vgl. Molla et al. 2011, 76; Schmidt/Kolbe 2011, 4).

Die Governance ist für die Organisation der Zusammenarbeit der verschiedenen, an den Prozessen beteiligten unternehmensinternen und –externen Personen oder Gruppen (Stakeholder), verantwortlich. Ihre Aufgabe ist es bspw. festzulegen, ob der Chief Information Officer (CIO) oder ein speziell geschulter Nachhaltigkeitsmanager (Ecological Officer) für die Einführung und Umsetzung grüner Geschäftsprozesse verantwortlich ist (vgl. Molla et al. 2011, 76; Nowak et al. 2011c, 573).[33] Der Ecological Officer nimmt dabei eine Querschnittsfunktion ein und arbeitet eng mit Prozessdesignern oder Systemarchitekten zusammen (Nowak et al. 2011c, 573). Eindeutig definierte Verantwortungsbereiche sowie die Unterstützung aus dem Top Management sind ein Indikator für die Green-BPM-readiness (vgl. Bearingpoint 2012, 23).

Die Governance ist darüber hinaus für die Zuteilung des, in der Strategie festgelegten Budgets sowie anderer Ressourcen (z. B. technische Geräte) an die jeweiligen Stellen des Green-BPM verantwortlich (vgl. Molla et al. 2011, 75). Außerdem spezifiziert die grüne Governance ein Rahmenwerk für die Messung des Erfolgs nachhaltigen GPMs. Dies stellt sicher, dass sowohl die Planung, Umsetzung als auch die Optimierung von Geschäftsprozessen ihren nachhaltigen Zielen gerecht werden (Molla et al. 2011, 76; Wabwoba et al. 2013, 53; Schmidt/Kolbe 2011, 4-5).

Die readiness der grünen GPM Governance misst den Grad der Strukturierung der Verantwortungsbereiche sowie der Erfolgsmessung nachhaltigen GPMs. Die Governance ist ein wichtiger Einflussfaktor für die Fähigkeit, grüne Geschäftsprozesse umzusetzen und den Erfolg nachhaltiger GPM Maßnahmen zu messen (vgl. Wabwoba 2013, 53; Stratos 2007, 6).

### 3.2.4 Grüne Modellierung

Neben den Managementaufgaben des nachhaltigen GPMs wirken sich auch operative Tätigkeiten auf die readiness des Green-BPMs aus. Das Design von Geschäftsprozessen

---

33 So ist bspw. innerhalb des Beratungsunternehmens Deloitte die IT-Abteilung für das Management grüner IT-Maßnahmen zuständig, während der Softwarehersteller SAP hierfür spezielle Nachhaltigkeitsmanager definiert (vgl. Molla et al. 2011, 76).

übernimmt eine zentrale Aufgabe sowohl des konventionellen als auch des nachhaltigen GPMs (siehe Kapitel 2.2) (vgl. Ghose et al. 2009, 105; Meyer/Teuteberg 2012, 4).

Die Modellierung visualisiert Arbeitsabläufe, genutzte Ressourcen, Zusammenhänge und Verantwortlichkeiten und sorgt dadurch für Transparenz in komplexen Prozessen. Die nachhaltige Modellierung berücksichtigt beim Entwurf der Prozessmodelle umweltrelevante Werte und Faktoren. Dadurch können die einzelnen Abteilungen eines Unternehmens ihre Geschäftsprozesse anhand nachhaltiger Kennzahlen analysieren, um die ökologischen Auswirkungen der Prozesse zu verringern und die festgelegten Nachhaltigkeitsziele zu erreichen (vgl. Houy et al. 2011b, 506; Seidel et al. 2011, 5). So können etwa die „CO2-Emissionen durch einen energieeffizienteren Einsatz von Hardware und Virtualisierungstechniken erheblich verringert werden" (Meyer/Teuteberg 2012, 11).

Die readiness der grünen Modellierung misst den Umfang bzw. Detaillierungsgrad, mit dem ein Unternehmen nachhaltige Modellierung umsetzt. Sie untersucht, inwieweit Geschäftsprozesse, deren Subprozesse, Aktivitäten, Ressourcen und ökologische Kennzahlen in Prozessmodellen abgebildet werden. Jeder Aktivität eines Geschäftsprozesses können z. B. Ressourcenverbräuche, die Menge der produzierten Abfallmaterialien oder Emissionswerte zugeordnet werden. Dabei kann sowohl der BPMN- als auch der EPK-Standard als Grundlage für die Annotation von CO2-Emissionen, Energieverbräuchen oder die Darstellung von Abfallmaterial verwendet werden (siehe Abbildung 3-2) (vgl. Meyer/Teuteberg 2012, 4; Ghose et al. 2010, 388; Seidel et al. 2011, 4; Opitz et al. 2012, 7-8).

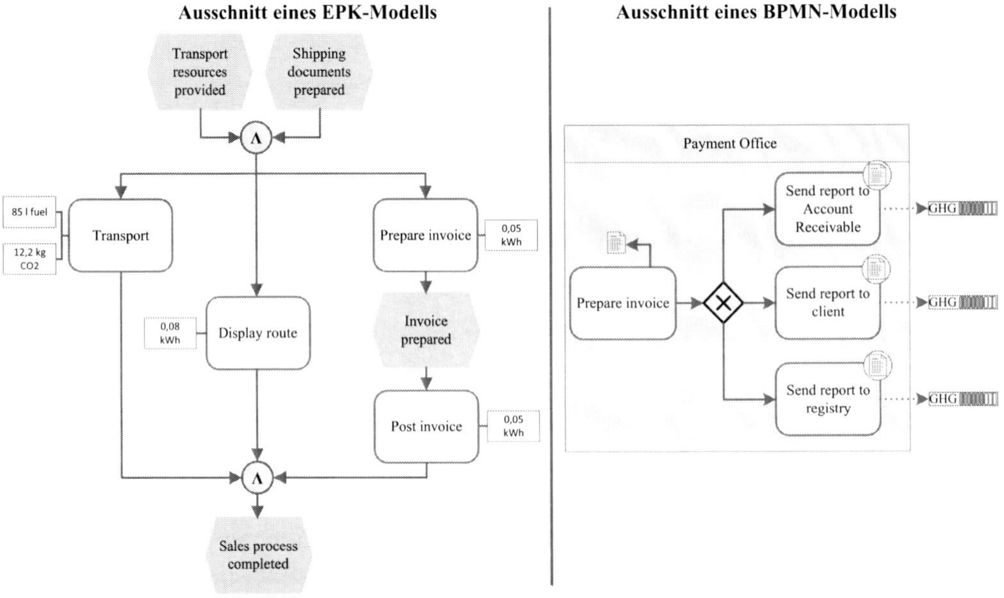


Abbildung 3-2: EPK bzw. BPMN Modellierung ökologischer Kennzahlen (Quellen: Houy et al. 2012, 82; Recker et al. 2012, 100)

Die visualisierten Nachhaltigkeitskennzahlen bilden die Grundlage für die Analyse der Prozesse anhand ökologischer Kriterien. Aktivitäten, die z. B. besonders viel Energie verbrauchen, werden identifiziert und hinsichtlich des Stromverbrauchs optimiert (vgl. Houy et al. 2011b, 506; Nowak et al. 2011b, 154). Die Modellierung ökologischer Einflussgrößen erfolgt auf mehreren Geschäftsebenen bzw. auf unterschiedlichen Abstraktionsstufen (vgl. Pernici et al. 2011, 12; Ghose et al. 2010, 390-391). Die unterste Ebene bildet die IT-Infrastruktur durch Ressourcenmodelle ab, in denen technische Geräte (z. B. Notebooks, Drucker, Server, etc.), deren Beziehung zueinander, Stromverbräuche oder Emissionswerte dargestellt werden. Die einzelnen Ressourcen werden in übergeordneten Ebenen den jeweiligen Aktivitäten zugeordnet, die in Prozessen und Subprozessen modelliert werden, was die aggregierte Berechnung des unternehmensweiten CO2-Fußabdrucks ermöglicht (vgl. Ghose et al. 2010, 389-390; Opitz et al. 2012, 2).

Mit Hilfe von Modellierungssoftware können Simulationsexperimente durchgeführt werden und dadurch die Auswirkungen von Umweltveränderungen, wechselnden Ressourcen, Richtlinien oder gesetzlichen Vorgaben auf Geschäftsprozesse sichtbar gemacht werden (vgl. Meyer/Teuteberg 2012, 12). Verschiedene Alternativen können am Prozessmodell auf ihre ökologische Nachhaltigkeit getestet und miteinander verglichen werden.

### 3.2.5 Grünes Monitoring

Um die Leistungsbewertung von Geschäftsprozessen und darauf aufbauend die Optimierung in Bezug auf die festgelegten Managementziele zu ermöglichen, ist die Beurteilung der Prozesse anhand von KPIs notwendig. „If you can‘t measure it, you can‘t manage it“ (Nguyen/Slater 2010, 10). Durch die Kontrolle der Geschäftsprozesse können deren Nachhaltigkeit und die aus verbesserter Energieeffizienz und geringerem Ressourcenverbrauch resultierenden (sinkenden) Kosten überwacht werden (vgl. Meyer/Teuteberg 2012, 11; Nowak 2011b, 153).

Das *grüne Monitoring* erfasst für jede Aktivität eines Geschäftsprozesses entsprechende ökologische Kennzahlen, um die Prozesse und die von ihnen verursachten Umweltwirkungen zu beurteilen (vgl. Seidel et al. 2011, 5; Meyer/Teuteberg 2012, 10; Houy et al. 2011b, 507; Recker 2011, 5-6). Die entsprechenden Key Ecological Indicators (KEIs) fließen in die Modellierung und Optimierung der Geschäftsprozesse ein. Beispiele solcher KEIs sind (vgl. Meyer/Teuteberg 2012, 12; Nowak 2011b, 153; Opitz et al. 2012, 3):

- Wasser-, Papier- oder Energieverbrauch
- Power Usage Effectiveness (PUE)
- Energy Usage Effectiveness (EUE)
- Treibhausgasemissionen (CO2, SOx, NOx, etc.)
- Anteil nachhaltiger Roh-, Hilfs- und Betriebsstoffe in Prozent
- Abfallmenge

Nach Nowak et al. (2011b, 15 6-157) können dynamische und statische KEIs unterschieden werden. Während der Stromverbrauch eines PCs unabhängig von der Auslastung einen konstanten Wert aufweist, hängt der Energiebedarf eines Druckers hingegen von der Anzahl der gedruckten Seiten ab. Um solche Kennzahlen verursachungsgerecht während der Laufzeit der Prozesse zu messen, sind entsprechende Sensornetzwerke notwendig, die die erfassten Daten automatisiert an die entsprechenden IT-Systeme weitergeben (vgl. Nowak et al. 2011b, 157; Seidel et al. 2011, 5; Watson et al. 2010, 26). Automatisierte Überwachungssysteme bieten die Möglichkeit einzelne Prozessschritte zu kontrollieren und bei Überschreitungen festgelegter, ökologischer Schwellenwerte

Störmeldungen (engl.: Incidents) an den verantwortlichen Prozessmanager weiterzuleiten (Houy et al.2010, 505; Watson et al. 2012, 154).

Die readiness des grünen Monitorings misst den Umfang, mit dem ein Unternehmen KEIs erfasst, d. h. welche internen und externen Partner, Prozesse und Ressourcen dabei berücksichtigt werden und wieweit die nachhaltigen Kennzahlen in die Optimierung der Geschäftsprozesse mit einbezogen werden.

### 3.2.6 Grüne Optimierung

Nachdem die Geschäftsprozesse grafisch erfasst und mit Hilfe von KEIs analysiert und bewertet wurden, werden Maßnahmen zur Verbesserung der ökologischen Nachhaltigkeit der Prozesse umgesetzt (vgl. Seidel et al. 2011, 5; Houy et al. 2011b, 508).

Im Rahmen des GPMs betrachtet die *grüne Optimierung* nicht einzelne Prozesse, sondern berücksichtigt die Interdependenzen zwischen den verschiedenen Prozessen und Stakeholdern als ganzheitliches, globales System (vgl. Ghose et al. 2009, 115). Die readiness der grünen Optimierung erfasst die Maßnahmen eines Unternehmens zur Verbesserung der Nachhaltigkeit von Geschäftsprozessen und untersucht deren Grad der Realisierung. Die unterschiedlichen Bestrebungen eines Unternehmens, die Prozesse ökologisch zu optimieren, wirken sich auf dessen Green-BPM-readiness aus.

Die Menge der CO2-Emissionen hängt in einem Geschäftsprozess davon ab, welche natürlichen und technischen Ressourcen eingesetzt und in welcher Intensität diese genutzt werden (vgl. Ghose et al. 2010, 388). Prozesse können durch die Verwendung alternativer, ökologischerer technischer Geräte und Ressourcen nachhaltig verbessert werden (vgl. Recker 2011, 6).

Darüber hinaus kann der Ablauf der Geschäftsprozesse so verändert werden, dass eine ökologischere Abfolge der Aktivitäten gewährleistet wird. Einzelne Aktivitäten können angepasst, ausgetauscht oder neu hinzugefügt und überflüssige Prozessschritte identifiziert und entfernt werden. Die Durchführung einer Videokonferenz kann bspw. die Dienstreise per Flugzeug ersetzen und somit den CO2-Ausstoß des Prozesses signifikant senken (vgl. Ghose et al. 2009, 114; Houy et al. 2011b, 506; Nowak et al. 2011a, 4-5). Darüber hinaus können einzelne Teilprozesse an spezialisierte Partnerunternehmen auslagert werden, die diese effizienter ausführen und somit den Gesamtprozess nachhaltig optimieren (vgl. Nowak et al. 2011a, 6-7).

Die Automatisierung IT-gestützter Prozesse stellt eine weitere Möglichkeit der grünen Optimierung dar. Der Versand von Rechnungen kann bspw. automatisiert per E-Mail erfolgen und gegenüber dem Postversand neben Zeit und Kosten auch die ökologischen Auswirkungen, die durch den Druck, Papierverbrauch sowie Transport entstehen, senken (vgl. Houy et al. 2011b, 506; Nowak et al. 2011a, 5-6).

Ist es innerhalb eines (Teil-)Prozesses nicht möglich die Aktivitäten und Ressourcen so zu modifizieren, dass sich dessen CO2-Fußabdruck verringert (z. B. spezielle Produktionsprozesse), kann das Unternehmen durch entsprechende Kompensationsleistungen zur nachhaltigen Entwicklung beitragen. Hierzu zählen bspw. die Unterstützung von Umweltschutzprojekten oder die Investition zur Entwicklung und Erforschung alternativer Rohstoffe und Energien (vgl. Nowak et al. 2011a, 3). Jedoch ist zu beachten, dass diese Form der nachhaltigen Optimierung nicht die Ursache negativer Umweltwirkungen beseitigt und der Natur weiterhin Schaden zugefügt wird. Die Reduzierung der Umweltwirkungen an der Quelle ist immer das oberste Ziel der nachhaltigen Entwicklung.

Kann der Ablauf eines Prozesses bspw. nicht (zeitnah) modifiziert werden, bietet sich die Möglichkeit, zunächst zusätzlich eine alternative, nachhaltige Variante des Prozesses einzuführen und den ursprünglichen Prozess schrittweise zu ersetzen (vgl. Nowak et al. 2011a, 3).

**Zusammenfassung**

Zusammenfassend lässt sich konstatieren, dass für die Umsetzung nachhaltigen GPMs die Realisierung einer grünen Einstellung, Strategie, Governance, Modellierung, Monitoring und Optimierung notwendig sind. Je nach Strukturierungs- und Detaillierungsgrad der angewandten Methoden beeinflussen die genannten Faktoren die Green-BPM-readiness eines Unternehmens.

Um die Green-BPM-readiness zu erfüllen, muss ein Unternehmen eine nachhaltige Einstellung im gesamten Unternehmen verankern, grüne Strategien und Ziele festlegen und dabei stets alle Stakeholder in den Planungen berücksichtigen. Grüne Prozessmodelle schaffen Transparenz über Umweltwirkungen von Prozessen und Aktivitäten und verdeutlichen deren unternehmensweiten Zusammenhang. Nachhaltiges Monitoring quantifiziert die Umweltwirkungen und misst die Nachhaltigkeit eines Unternehmens. Darauf aufbauend werden Maßnahmen festgelegt, die die Nachhaltigkeit eines Unternehmens optimieren. Abbildung 3-3 stellt das Green-BPM-readiness-Modell zusammenfassend grafisch dar.

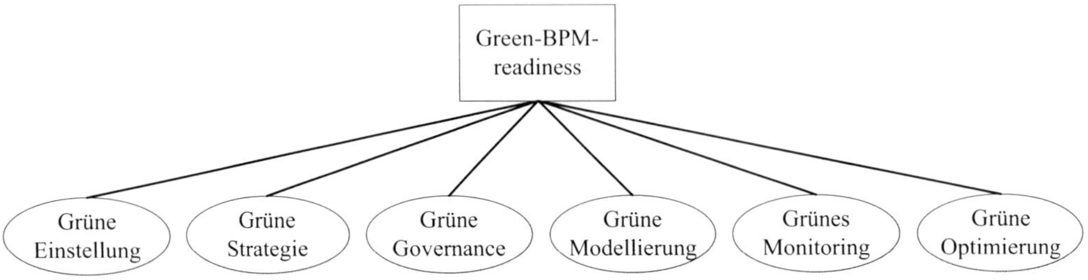


Abbildung 3-3: Elemente des Green-BPM-readiness-Modells (eigene Darstellung)

## 3.3 Umfragedesign und Durchführung der Datenerhebung

Nachdem unter Verwendung der relevanten Green-BPM- und Green-readiness-Literatur (siehe Kapitel 3.1) die theoretischen Konstrukte des Green-BPM-readiness-Modells ausgearbeitet wurden (siehe Kapitel 3.2), folgte zur Evaluierung des Modells zunächst eine Onlineumfrage.

**Fragebogendesign**

Der Fragebogen bestand aus zwei Bereichen. Zunächst wurden teilnehmerbezogene Daten (z. B. Unternehmensgröße, Umsatz) abgefragt, um später ein soziodemographisches Profil der Stichprobe erstellen zu können.

Daraufhin folgte die Ermittlung der readiness der Modellkonstrukte. Bei den sechs Konstrukten handelt es sich um theoretische bzw. hypothetische Begriffe (sog. latente Variablen oder Faktoren), die sich einer direkten Beobachtbarkeit mit Hilfe empirischer Methoden entziehen. Aus diesem Grund war es zunächst notwendig, direkt messbare Größen (sog. manifeste Variablen) abzuleiten. Dazu wurde zunächst ein Pool von 170 Aussagen (Indikatoren) ausgearbeitet, die für die Messung der jeweiligen Einflussfaktoren des Modells relevant waren. Diese wurden in mehreren Bearbeitungsschritten zusammengefasst und hinsichtlich relevanter Sachverhalte in Bezug zur Green-BPM-readiness gekürzt. Schlussendlich umfasste der Fragebogen 44 Indikatoren zur Evaluierung des Modells.[34] Jede dieser Aussagen wurde von den Probanden anhand einer Fünf-Punkte-Likert-Skala (*Trifft voll zu* bis *Trifft überhaupt nicht zu*) bewertet.[35] Um die gewonnene Stichprobe auf Repräsentativität überprüfen zu können, wurden unternehmensbezogene Daten zu Position, Branche und Unternehmensgröße abgefragt. Außerdem wurden zwei Fragen zur Analyse des Verbreitungsgrads von grünem GPM in der unternehmerischen Praxis in die Onlineumfrage integriert. Der Fragebogen wurde zweisprachig, in englischer und deutscher Sprache, verfasst um eine globale Analyse der Forschungsfragen zu ermöglichen und ein eindeutiges Verständnis zu gewährleisten. Sowohl die formale als auch die inhaltliche Korrektheit der Umfrage wurde während einer Testphase von zehn Personen (je fünf Experten und Nicht-Experten) überprüft und entsprechende Änderungen eingearbeitet.

**Datenerhebung**

Die Datenerhebung erfolgte anonym und internetgestützt mit Hilfe eines Studentenaccounts des Webdienstes von surveygizmo.com. Die Wahl einer Onlineumfrage liegt vor allem in den Vorteilen einer internetgestützten Erhebung begründet, u. a. (vgl. Evans/Mathur 2005, 197):

- Erhöhte Probandenmotivation durch Multimedialität
- Realisierung von Zeit- und Kostenersparnissen bei der Befragung
- Ansprache einer größeren, globalen Zielgruppe

Die Verbreitung des Online-Fragebogens erfolgte über den Versand des Links mit Hilfe von Serienmails. Als repräsentative Umfrageteilnehmer wurden Personen aus dem Managementbereich von Unternehmen, insbesondere CIOs und CEOs, ausgewählt. Um Ansprechpartner und deren E-Mail-Adresse zu ermitteln, wurde die Onlinedatenbank

---

34 Grüne Einstellung und Modellierung wurden mit jeweils sieben, Strategie mit sechs, Monitoring und Optimierung mit jeweils neun und die Governance mit fünf Items abgefragt. Zur direkten Messung der Green-BPM-readiness wurde eine speziell hierauf ausgerichtete (globale) Frage in den Governance-Block integriert. Der endgültige, vollständige Fragebogen ist im Anhang, Abbildung 0-4, dargestellt.

35 Diese Form der Skala wurde gewählt, da das Vorhandensein einer Mitteloption die Validität und Reliabilität einer Umfrage maßgeblich steigert (vgl. Lietz 2010, 265).

LexisNexis.com[36] nach Firmenprofilen durchsucht und E-Mail-Adressen extrahiert. Zusätzlich dazu dienten unterschiedliche, am Lehrstuhl für Informationsmanagement verfügbare, E-Mail-Listen als Basis für den E-Mail-Versand. Insgesamt wurden 5092 E-Mails zugestellt, davon 2092 persönlich an CIOs und CEOs sowie 3000 an allgemeine Unternehmensadressen. Der Erhebungszeitraum beschränkte sich auf eine Dauer von sechs Wochen (10.06 bis 22.07.2013).

## 3.4 Datenanalyse

Um die durch die beschriebene Umfrage generierten Daten auszuwerten, stehen verschiedene statistische Methoden zur Verfügung. Da es sich bei den im Green-BPM-readiness-Modell verwendeten Elementen grüne *Einstellung*, *Strategie*, *Governance*, *Modellierung*, *Monitoring* und *Optimierung* um nicht beobachtbare, latente Konstrukte handelt, eignen sich die Methoden der Strukturgleichungsmodellierung sowie der Faktorenanalyse zur Evaluierung des Modells (vgl. Backhaus et al. 2008, 15-16).

Sowohl die Strukturgleichungsmodellierung als auch die Methode der Faktorenanalyse lassen sich auf das gleiche Konzept, der Analyse von Beziehungen zwischen nicht messbaren, latenten Variablen, zurückführen. Die Faktorenanalyse eignet sich besonders um die Güte des für die Strukturgleichungsmodellierung verwendeten Modells zu überprüfen und wird deshalb „oftmals bereits vor der eigentlichen Spezifizierung eines Strukturgleichungsmodells gerechnet" (Backhaus et al. 2011, 124). Die Faktorenanalyse dient dazu die statistisch relevanten Faktoren des entwickelten Modells zu identifizieren und nicht relevante Indikatoren zu bereinigen. Darauf aufbauend wird mittels eines Strukturgleichungsmodells untersucht, inwieweit die hypothetisch erstellten Beziehungen empirisch beobachtbar sind (vgl. Hair et al. 2010, 754-755).

Aus diesem Grund wird im Folgenden zunächst das übergeordnete Konzept der Strukturgleichungsmodellierung erläutert, um im Anschluss daran die Vorgehensweise einer konfirmatorischen Faktorenanalyse ausführlich darzustellen.

---

36 Das Recherchetool LexisNexis Wirtschaft bietet Onlinezugriff auf Unternehmenssteckbriefe unterschiedlicher Datenquellen (vgl. LexisNexis 2013). Die verwendeten Suchbegriffe und Datenbanken werden im Anhang, Abbildung 0-6, dargestellt.

### 3.4.1 Vorgehensweise einer Strukturgleichungsmodellierung

Strukturgleichungsmodelle bestehen aus zwei unabhängig voneinander betrachteten Modellen. Das Strukturmodell bildet die theoretischen Zusammenhänge zwischen den latenten Variablen ab. Latente Variablen, die im Modell als erklärende Variablen dienen, werden als exogene (unabhängige) Variablen bezeichnet und durch die festgelegten kausalen Zusammenhänge untereinander beschrieben. Diese Variablen erklären die sog. endogenen (abhängigen) Variablen, die durch kausale Beziehungen nicht beschrieben werden können (siehe Abbildung 3-4). Das Messmodell enthält die jeweiligen, empirisch beobachteten Indikatoren und spiegelt die Beziehungen zwischen den latenten Variablen wider (vgl. Backhaus et al. 2011, 77; Hair et al. 2010, 731-732).[37]

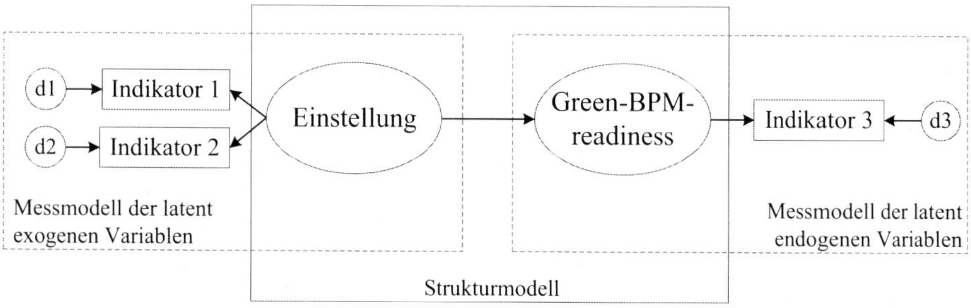


Abbildung 3-4: Beispiel eines Strukturgleichungsmodells (in Anlehnung an Backhaus et al. 2011, 66)

Die Schätzung und Beurteilung der Modellparameter erfolgt schrittweise, indem zunächst das Messmodell und im Anschluss daran das Strukturmodell berechnet und analysiert werden. Um das Messmodell einer isolierten Prüfung zu unterziehen, empfehlen Backhaus et al. (2011, 67) die Durchführung einer konfirmatorischen Faktorenanalyse.[38] Diese berechnet zunächst die Messwerte der latenten Variablen, mit deren Hilfe dann die Beziehungen zwischen den Variablen anhand eines Strukturgleichungsmodells überprüft werden (vgl. Backhaus et al. 2011, 124; Backhaus et al. 2008, 16).

Um die Beziehungen zwischen abhängigen und unabhängigen Variablen zu schätzen, folgt die Analyse des Strukturmodells dem Konzept der linearen Regressionsanalyse.

---

37 Hair et al. (2010, 755) bezeichnen das Messmodell bzw. das Strukturmodell auch als Modell erster bzw. zweiter Ordnung.

38 Die Vorgehensweise einer konfirmatorischen Faktorenanalyse wird in Kapitel 3.4.2 ausführlich erläutert.

Anhand der empirisch beobachteten Daten wird eine Regressionsfunktion geschätzt, die den Zusammenhang zwischen der abhängigen und den unabhängigen Variablen beschreibt (vgl. Backhaus et al. 2008, 51-52; Baur/Fromm 2008, 343-347).

Die Güte der Regressionsfunktion wird anschließend mittels verschiedener Kennzahlen geprüft. Dazu wird zunächst die geschätzte Regressionsfunktion dahingehend untersucht, wie gut die abhängige Variable durch das Modell erklärt wird. Anhand des Bestimmtheitsmaßes ($R^2$) und der Vorhersagevalidität ($Q^2$) wird ermittelt ob sich die Regressionsfunktion bzw. die Modellelemente als statistisch brauchbar erweisen (vgl. Backhaus et al. 2008, 63-73). Ein t-Test prüft, wie gut die einzelnen unabhängigen Variablen zur Erklärung der abhängigen Variablen beitragen (vgl. Backhaus et al. 2008, 73-78). Zuletzt misst die Effektstärke ($f^2$) die Größe des Einflusses der unabhängigen Variablen auf die abhängige (vgl. Bliemel et al. 2005, 84; Chin 1998, 316).

### 3.4.2 Vorgehensweise einer konfirmatorischen Faktorenanalyse

Die Faktorenanalyse stellt ein zentrales Instrument zur Prüfung und Weiterentwicklung von Modellen sowie zur Identifikation statistisch relevanter Faktoren und Indikatoren dar (vgl. Backhaus et al. 2011, 118). Molla et al. (2011, 78) identifizieren die Faktorenanalyse als die am besten geeignete Methode zur Reliabilitäts- und Validitätsmessung eines readiness-Modells. Die Reliabilität misst „das Ausmaß, mit dem wiederholte Messungen eines Sachverhaltes auch die gleichen Ergebnisse liefern“ (Backhaus et al. 2011, 137) und kennzeichnet die Zuverlässigkeit bzw. Genauigkeit des Modells. Die Validität bezeichnet die Eignung bzw. Gültigkeit eines Messinstruments bezüglich ihrer Zielsetzung. Sie erfasst das Ausmaß, mit dem ein Messinstrument das misst, was gemessen werden soll (vgl. Backhaus et al. 2011, 137).

Bei der Durchführung einer Faktorenanalyse stehen die explorative (eFA) und die konfirmatorische Faktorenanalyse (kFA) zur Auswahl. Eine eFA wird durchgeführt, wenn der Anwender keine konkreten Informationen über Zusammenhänge zwischen den betrachteten Variablen besitzt. Die eFA wird verwendet, um explorativ Strukturen im Datensatz zu entdecken (vgl. Backhaus et al. 2008, 380; Hair et al. 2010, 693).[39] Durch die Entwicklung des Green-BPM-readiness-Modells existieren bereits a priori Vorstellungen über mögliche hypothetische Faktoren und Strukturen, die hinter empirisch beobachteten Beziehungen (Korrelationen) zwischen Variablen zu vermuten sind (Backhaus et al. 2008, 381; Hair et al. 2010, 693). Aus diesem Grund wird in der vorliegenden Arbeit die kFA angewandt, um die festgelegte Struktur sowie die jeweiligen Elemente des Modells zunächst zu überprüfen.

Die durchgeführten Ablaufschritte der kFA orientieren sich an der von Backhaus et al. (2011, 125-146) beschriebenen Vorgehensweise:

1. Modellformulierung
2. Pfaddiagramm und Modellspezifikation
3. Identifikation der Modellstruktur
4. Parameterschätzungen
5. Beurteilung der Schätzergebnisse

**Modellformulierung**

Die Modellformulierung dient der Präzisierung der Konstrukte auf theoretischer Ebene und erfolgt anhand eingehend sachlogischer Überlegungen. Das Modell stellt die vermutete Struktur und Zusammenhänge der einzelnen hypothetischen Modellkonstrukte dar. Um die Konstrukte auf Beobachtungsebene zu messen, werden für jede dieser latenten Variablen mehrere, operationale Indikatoren (manifeste Variablen) abgeleitet. Die Verwendung mehrerer Indikatoren erhöht die Genauigkeit der Messung, da für jeden theoretischen Begriff mehrere Operationalisierungen verwendet werden (vgl. Backhaus et al. 2011, 125-127). Die Indikatoren sind so zu formulieren, dass sie genau einer latenten Variablen zugeordnet werden können und dadurch Abhängigkeiten mit anderen Faktoren vermieden werden (Eindimensionalität) (vgl. Hair et al. 2010, 696).

**Pfaddiagramm und Modellspezifikation**

---

[39] Die exakte Vorgehensweise einer explorativen FA wird in Backhaus et al. (2008, 323-386) detailliert dargestellt. Die Unterschiede zwischen explorativer und konfirmatorischer FA werden in Backhaus et al. (2011, 123-124) ausführlich erläutert.

Die im Rahmen der Modellformulierung vorgenommenen theoretischen und sachlogischen Überlegungen werden während der Modellspezifikation in eine formale Form gebracht. Ein Pfaddiagramm stellt latente und manifeste Variablen sowie deren Beziehungen zueinander grafisch dar (vgl. Backhaus et al. 2011, 128-129; Hair et al. 2010, 634-635). Dabei definiert die Kovarianz eine nicht standardisierte, und dadurch nur begrenzt interpretierbare, Maßzahl zur Messung eines Zusammenhangs zweier Variablen. Durch Standardisierung der Kovarianz entsteht die Korrelation, die die Stärke des Zusammenhangs zwischen Variablen widerspiegelt und auf einer Skala zwischen $-1$ (gegensätzlicher Zusammenhang) und 1 (gleichförmiger Zusammenhang) interpretierbar ist (vgl. Backhaus et al. 2011, 121).

Die Modellspezifikation definiert die Wirkungsrichtung zwischen den einzelnen Variablen. Reflektive Messmodelle basieren auf der Annahme, dass die Indikatoren von der latenten Variablen kausal beeinflusst werden, d. h. eine Veränderung des latenten Konstrukts resultiert in einer Änderung aller ihr zugeordneten Indikatoren (vgl. Backhaus et al. 2011, 120-121; Hair et al. 2010, 701-702). Im Gegensatz dazu werden bei formativen Messmodellen die latenten Variablen von den Ausprägungen der Indikatoren beeinflusst (siehe Abbildung 3-5). Für die Schätzung der Modellparameter muss hierbei auf die Partial Least Squares (PLS) Analyse zurückgegriffen werden (vgl. Backhaus et al. 2011, 121; Backhaus et al. 2008, 522).

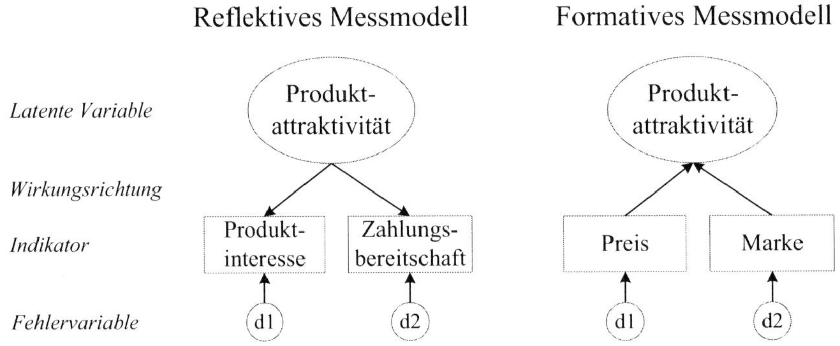


Abbildung 3-5: Reflektives vs. formatives Messmodell (in Anlehnung an Backhaus et al. 2011, 119)

Im Rahmen der Modellspezifikation werden Fehlervariablen spezifiziert, die die Abweichung des Modells erfassen. Diese treten bei der Messung hypothetischer Faktoren mit Hilfe manifester Variablen z. B. aufgrund von Messungenauigkeiten auf. Darüber hinaus werden die Zusammenhänge, die zwischen latenten Variablen oder zwischen einer manifesten und einer latenten Variablen bestehen, definiert (vgl. Backhaus et al. 2011, 129-131).

**Identifikation der Modellstruktur**

Nachdem die Modellstruktur festgelegt wurde, ist zu prüfen, ob genügend Informationen zur Verfügung stehen, um die zu schätzenden Modellparameter (Faktorladungen, Fehlervariablen und Korrelationen) eindeutig bestimmen zu können. Um eine kFA durchführen zu können muss für jeden Parameter ein Schätzwert errechenbar sein, wodurch das Modell als identifiziert betrachtet werden kann. Diese Voraussetzung ist erfüllt, wenn die Anzahl der Varianzen und Kovarianzen der manifesten Indikatorvariablen die Anzahl der zu schätzenden Parameter übersteigt und das Modell dadurch eine positive Anzahl von Freiheitsgraden ($df$) aufweist (vgl. Backhaus et al. 2011, 131-132; Hair et al. 2010, 698-700; Moosbrugger/Schermelleh-Engel 2012, 336).

Da sowohl die latenten als auch die Fehlervariablen nicht beobachtbare Größen darstellen, existieren zunächst keinerlei Informationen über die Ausprägungen ihrer Varianzen. Durch die Festlegung ihrer Varianzen werden latente Variablen interpretierbar gemacht. Hierzu stehen zwei Möglichkeiten zur Verfügung. Zum einen kann pro latenter Variable jeweils eine Indikatorvariable als sog. Referenzvariable fest zugewiesen werden. Dies geschieht, indem derjenige Indikator, der die latente Variable am besten reflektiert, mit 1 fixiert wird. Die zweite Möglichkeit besteht in der Standardisierung der latenten Variablen, indem die Varianz auf den Wert 1 festgelegt wird. Dadurch können die Faktorladungen für alle Indikatorvariablen geschätzt werden (vgl. Backhaus et al. 2011, 132; Hair et al. 2010, 703; Moosbrugger/Schermelleh-Engel 2012, 336). Eine Faktorladung misst die Korrelation zwischen einem Indikator und einer latenten Variablen und beschreibt die Bedeutung des Indikators für die latente Variable. Sie erklärt, in welchem Maß ein Indikator die zugehörige, latente Variable beschreibt. Je höher die Faktorladung, desto Größer ist die Bedeutung des Indikators für die latente Variable (vgl. Backhaus et al. 2011, 121).

**Parameterschätzungen**

Nachdem die Modellstruktur vollständig spezifiziert und die entsprechenden Daten erhoben sind, wird im Rahmen der kFA mit der Schätzung der Parameterwerte fortgefahren. Ausgangspunkt bildet die Kovarianzmatrix *S* der Indikatorvariablen, mit deren Hilfe die Modellparameter geschätzt werden. Die Kovarianz spiegelt den Zusammenhang zwischen zwei Variablen wider. Da diese jedoch nicht auf einen Wertebereich standardisiert ist, kann sie nur eingeschränkt interpretiert werden. Aus diesem Grund werden die Werte vereinheitlicht, sodass die empirische Korrelationsmatrix *R* entsteht. Die Korrelation ist ein Maß für die Stärke des Zusammenhangs (0=kein Zusammenhang; 1=starker Zusammenhang) (vgl. Backhaus et al. 2011, 133; Moosbrugger/Schermelleh-Engel 2012, 337).

Das Ziel der kFA ist es, die Parameter des Messmodells so zu bestimmen, dass *S* bzw. *R* möglichst genau reproduziert werden. Je besser dies gelingt, umso verlässlicher sind die Parameterschätzungen und umso besser ist die Güte des Modells einzustufen. Das laut Literatur gebräuchlichste und effizienteste Verfahren zur Parameterschätzung ist die Maximum-Likelihood-Methode (ML-Methode) (vgl. Backhaus et al. 2011, 137; Hair et al. 2010, 722; Moosbrugger/Schermelleh-Engel 2012, 337).[40] Das Ergebnis der ML-Schätzung ist die modelltheoretische Varianz-Kovarianz-Matrix Ω, die eine minimale Differenz zu *S* bzw. *R* aufweist. Die ML-Methode maximiert dadurch die Wahrscheinlichkeit, dass Ω die betreffende *S* bzw. *R* erzeugt hat (vgl. Backhaus et al. 2011, 152).

**Beurteilung der Schätzergebnisse**

Nachdem die Schätzung der Parameter abgeschlossen ist, folgt die Analyse und Beurteilung der Schätzergebnisse. Mit diesem Ablaufschritt wird die Reliabilität und Validität des verwendeten Messmodells in mehreren Stufen überprüft (vgl. Backhaus et al. 2011, 137; Moosbrugger/Schermelleh-Engel 2012, 337).

Um das Modell von unverlässlichen Indikatoren zu bereinigen, erfolgt auf Indikatorebene zunächst eine Güteprüfung anhand bestimmter Prüfmaße (z. B. Critical Ratio, Faktorladungen). Diese zeigen, wie gut ein Indikator die ihm zugeordnete, latente Vari-

---

[40] Weitere Schätzmethoden werden in Weiber/Mühlhaus (2009, 54-56) diskutiert.

able beschreibt. Fallen Indikatoren durch die entsprechenden Prüfkriterien, werden sie aus der restlichen Analyse, und dadurch aus dem Modell, ausgeschlossen (vgl. Backhaus et al. 2011, 138). Nach der Eliminierung von Indikatoren wird die Berechnung der kFA erneut gestartet und mit der Beurteilung der Ergebnisse neu begonnen. Dadurch entstehen mehrere Iterationsschritte der kFA, in denen das zu messende Modell jeweils wieder angepasst wird.

Anschließend wird auf Konstruktebene evaluiert, ob die formulierten Indikatoren die latenten Variablen entsprechend reliabel und valide messen. Hierzu kommen Prüfkriterien wie bspw. Faktorreliabilität oder Diskriminanzvalidität zum Einsatz. Auf der Modellebene erfolgt die Ermittlung des Übereinstimmungsgrads zwischen $S$ und $\Omega$. Der Grad der Reproduktion wird mittels verschiedener Fit-Maße wie z. B. $X^2$-Test, Root Mean Square Error of Approximation (RMSEA) und Standardized Root Mean Square Residual (SRMR) gemessen und bewertet (vgl. Backhaus et al. 2011, 138).

# 4 Evaluierung des Green-BPM-readiness-Modells

Die durch die Umfrage generierten Daten werden im Folgenden mit Hilfe der beschriebenen statistischen Methoden zur Auswertung genutzt. Insgesamt nahmen 210 Personen an der Studie teil, von denen nach einer Datenbereinigung und Eliminierung nicht vollständig beantworteter Fragebögen 66 verwertbare Datensätze zur Verfügung stehen. Um auf Basis der statistischen Auswertung signifikante Aussagen treffen zu können, empfehlen Hair et al. (2010, 102) für den Stichprobenumfang einer Faktorenanalyse nicht weniger als 50 Datensätze.

In diesem Kapitel erfolgt zunächst eine soziodemographische Auswertung der zur Verfügung stehenden Datensätze, um die Relevanz und Qualität der erhobenen Daten nachzuweisen. Um die Struktur des Green-BPM-readiness-Modells zu bestätigen und die für das Modell nicht relevanten Elemente zu eliminieren, wird zunächst das Messmodell mittels Faktorenanalyse überprüft. Die berechneten Faktorladungen des Messmodells bilden die Grundlage für die darauf aufbauende Regressionsanalyse des Strukturmodells (vgl. Backhaus et al. 2011, 66).

## 4.1 Soziodemographische Auswertung

Die unternehmensbezogenen Angaben wurden auf freiwilliger Basis der Befragten ermittelt und nicht von der Gesamtheit der Befragten beantwortet. Aus diesem Grund basieren die Auswertungen der einzelnen Fragen dieses Abschnittes auf untereinander abweichenden Stichproben.

Die Mehrheit der befragten Personen (73%) gab an, in ihrem Unternehmen leitende bzw. führende Positionen einzunehmen (siehe Abbildung 4-1). Hierbei handelt es sich um CIOs (18%), CEOs (22%) oder andere leitende Positionen (z. B. Leiter Nachhaltigkeitsmanagement, Leiter Prozessmanagement). Ausführende Positionen wie bspw. Mitarbeiter der Nachhaltigkeits- oder IT-Abteilung umfassen 11% der Befragten, während 16% angaben andere Positionen (z. B. Prozessmanager, Corporate Social Responibility Manager) im Unternehmen einzunehmen.

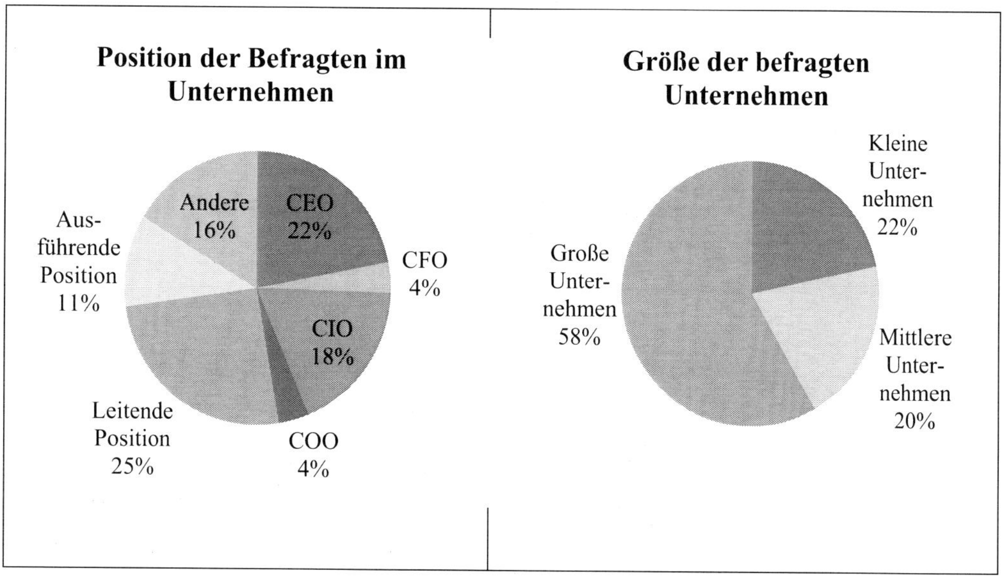


Abbildung 4-1: Demographische Zusammensetzung der Stichprobe (eigene Darstellung)

Die befragten Unternehmen sind zu 23% im produzierenden Gewerbe bzw. in der Industrie tätig, während sich 20% der IT- und Kommunikationsbranche zuordneten. Darüber hinaus wurden u. a. die Chemie- und Pharmabranche (9%), Finanzdienstleistungen (8%) und Transport und Logistik (8%) als Tätigkeitsfelder angegeben.

Bei 58% der befragten Unternehmen handelte es sich um Großunternehmen mit mehr als 250 Mitarbeitern und 50 Mio. € Umsatz im Geschäftsjahr 2012. An der Befragung nahmen außerdem 22% kleine Unternehmen teil, während 20% der mittleren Unternehmensgröße zugeordnet wurden (siehe Abbildung 4-1).[41]

Die Zielgruppe der Umfrage bestand aus leitenden Mitarbeitern mit Bezug zu Geschäftsprozessen bzw. Nachhaltigkeitsaufgaben. Darüber hinaus sollten unterschiedlich große Unternehmen aus verschiedenen Branchen befragt werden. Die vorangegangenen Ausführungen bestätigen die Erfüllung dieser Ziele und validieren somit die Repräsentativität der Befragung.

41 Die Zuordnung der Unternehmensgrößen erfolgte anhand der Definition für kleine und mittlere Unternehmen der Europäischen Union (vgl. EU 2003, 39).

## 4.2 Faktorenanalyse des Messmodells

Die Auswertung der Daten erfolgte mit Hilfe der Statistiksoftware SPSS 21, bzw. deren Erweiterung AMOS 21 (Analysis of Moment Structures), die eine Durchführung konfirmatorischer Faktorenanalysen in SPSS ermöglicht. Das zunächst erstellte Strukturgleichungsmodell, welches das Messmodell sowie das Strukturmodell beinhaltet, wird in Abbildung 4-2 dargestellt. Das Messmodell der latent exogenen Variablen, dessen Auswertung im Folgenden beschrieben wird, ist als Teilmodell des Strukturgleichungsmodells anzusehen.

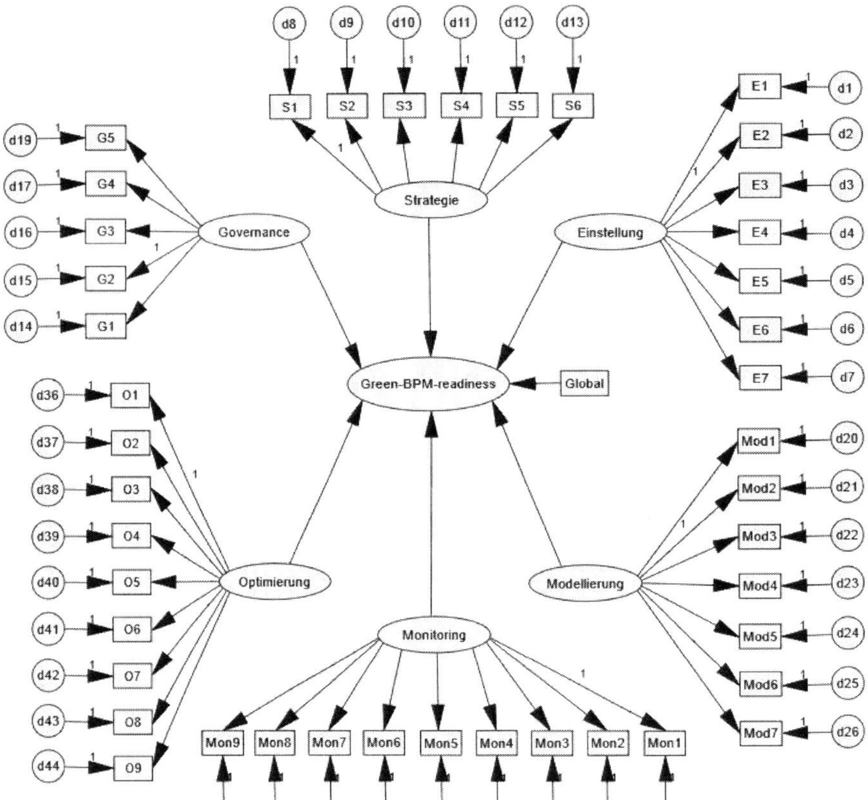


Abbildung 4-2: Initiales Strukturgleichungsmodell der Green-BPM-readiness (eigene Darstellung)

### 4.2.1 Modellformulierung und Pfaddiagramm

Das in Kapitel 3.2 hergeleitete Green-BPM-readiness-Modell sowie die Erstellung der Onlineumfrage (siehe Kapitel 3.3) stellen die ersten Ablaufschritte der kFA (Modellformulierung und Pfaddiagramm) dar.

Das Messmodell der latent exogenen Variablen besteht aus den sechs ermittelten Faktoren der Green-BPM-readiness *Einstellung*, *Strategie*, *Governance*, *Modellierung*, *Monitoring* und *Optimierung*. Die zwischen diesen Faktoren bestehenden Interdependenzen werden im Messmodell in Form von Kovarianzen abgebildet. Abbildung 4-3 stellt das Pfaddiagramm des Messmodells der latent exogenen Variablen der Green-BPM-readiness grafisch dar. Das Pfaddiagramm sowie die Modellspezifikation wurden mit Hilfe der grafischen Oberfläche in AMOS erstellt. Dabei bilden die Variablen $d1$ bis $d44$ die Fehlervariablen der in der Umfrage gemessenen Indikatoren $E1$ bis $E7$, $S1$ bis $S6$, $G1$ bis $G5$, $Mod1$ bis $Mod7$, $Mon1$ bis $Mon9$, $O1$ bis $O9$ ab.

Um die einzelnen latenten Variablen möglichst genau messen zu können, ist ein identifiziertes bzw. überidentifiziertes Modell notwendig. Die wissenschaftliche Literatur empfiehlt dabei mindestens drei bis vier Indikatoren pro latenter Variable abzufragen (vgl. Hair et al. 2010, 701; Bachkhaus et al., 2011, 126; Polites et al. 2012, 28-30). Das initial aufgestellte Green-BPM-readiness-Modell umfasst mindestens vier Indikatoren und erfüllt somit diese Bedingung.

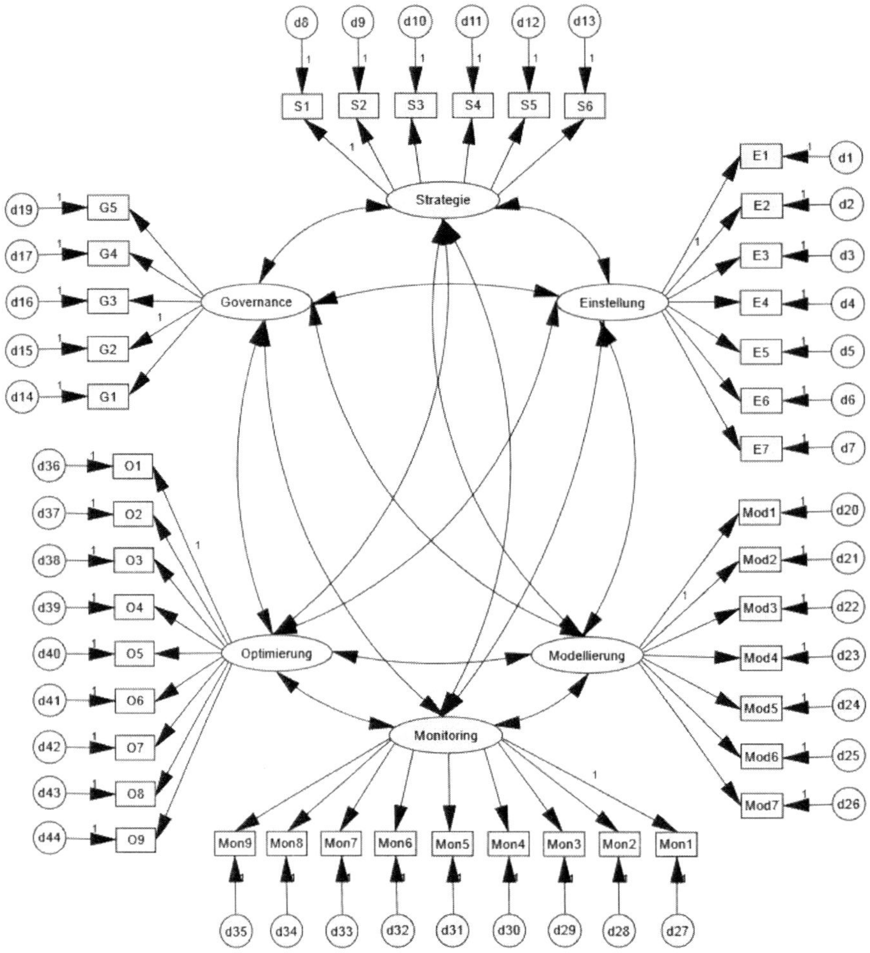


Abbildung 4-3: Initiales Messmodell der latent exogenen Variablen (eigene Darstellung)

### 4.2.2 Identifikation der Modellstruktur

Um die Struktur des Messmodells zu verifizieren, wurde in Anlehnung an Molla et al. (2011, 78) zunächst eine eFA auf Indikatorebene durchgeführt. Die eFA ermittelt die Anzahl der latenten Variablen, die sich aus den Indikatoren ableiten lassen.[42]

Die Anzahl der aus den Indikatoren zu extrahierenden latenten Variablen entspricht der Anzahl der berechneten Eigenwerte > 1 (Kaiser-Kriterium) (vgl. Hair et al. 2010, 109). Die Analyse der sieben Indikatoren (E1 bis E7), die der latenten Variablen *Einstellung* zugeordnet wurden, ergibt bspw. einen Eigenwert > 1, d. h. laut Kaiser-Kriterium kann

42 Zur Schätzung der Parameter wurde im Rahmen der eFA die von Molla et al. (2011, 78) empfohlene Extraktionsmethode der ML-Schätzung mit Oblimin Rotation verwendet.

genau eine latente Variable abgeleitet (extrahiert) werden. Somit kann die a priori aufgestellte Vermutung, dass diese Indikatoren genau eine latente Variable messen (Eindimensionalität), bestätigt werden. Diese Vermutung lässt sich auch für die Indikatoren der restlichen latenten Variablen verifizieren.[43] Da das Kaiser-Kriterium laut Zwick/Veliver (1986, 434) zu einer Über- bzw. Unterschätzung neigt, wurde zusätzlich ein von O'Connor (2000, 397) entwickeltes SPSS Skript zur Durchführung einer Parallelanalyse ausgeführt.[44] Dabei werden die Eigenwerte einer Faktorenanalyse eines empirisch gewonnenen Datensatzes mit den Eigenwerten einer Faktorenanalyse eines zufällig generierten Datensatzes verglichen. Die Menge der zu extrahierenden latenten Variablen ergibt sich aus der Anzahl der Eigenwerte der empirischen Daten, die größer sind als die Eigenwerte der Zufallsdaten (vgl. Molla et al. 2011, 78). Für die vorliegenden Daten ergibt sich für jede Gruppe von Indikatoren jeweils ein Eigenwert, der größer ist als der des zufälligen Datensatzes (z. B. $E1{:}\ 5{,}3 > 1{,}69$). Somit bestätigt auch die Parallelanalyse die Eindimensionalität aller Indikatoren des Modells.

Da die Gruppen von Indikatoren jeweils eine latente Variablen messen, stehen die jeweiligen Indikatoren untereinander in Beziehung. Diese Korrelation wird mittels der Kennzahl Cronbachs Alpha, gemessen welche mindestens Werte von 0,7 aufweisen sollte (vgl. Straub et al. 2004, 385-411). Für das Ausgangsmodell betragen die Cronbachs Alphas $Einstellung = 0{,}95, Strategie = 0{,}9,$ $Governance = 0{,}93,$ $Modellierung = 0{,}85,$ $Monitoring = 0{,}94,$ $Optimierung = 0{,}9$ was auf eine sehr gute Struktur der Indikatoren und deren zugehörigen latenten Variablen hindeutet.

Es lässt sich konstatieren, dass die Struktur des Green-BPM-readiness-Modells, bestehend aus sechs latenten Variablen und den zugehörigen Indikatoren, durch die eFA bestätigt und die Eindimensionalität der Indikatoren verifiziert werden kann. Darüber hinaus bestätigt die Messung der Eigenwerte mittels Parallelanalyse die zuvor ermittelten Eigenwerte der ML-Schätzung. Dadurch kann die Konvergenzvalidität, welche vorliegt, wenn die Messungen eines Konstrukts mit unterschiedlichen Methoden zu gleichen Ergebnissen führen, als erfüllt betrachtet werden (vgl. Hair et al. 2010, 126).

---

43 Die vollständigen Ergebnisse der eFA werden in Abbildung 0-8 im Anhang dargestellt.

44 Das Skript steht unter https://people.ok.ubc.ca/brioconn/nfactors/nfactors.html frei zum Download zur Verfügung.

Das Kaiser-Meyer-Olkin-Kriterium (KMO) sowie der Bartlett-Test überprüfen, inwieweit die Daten für eine Faktorenanalyse geeignet sind. Der KMO-Wert einer latenten Variablen gibt an, in welchem Umfang die zugehörigen Indikatoren zusammengehören. Der Zielwert sollte möglichst nah an 1 liegen, bei einem Minimalwert von 0,5 (vgl. Backhaus et al. 2008, 335-336; Molla et al. 2011, 78). Die Berechnung der KMOs ergibt Werte zwischen 0,785 für die Variable $Modellierung$ und 0,91 für die $Einstellung$. Die Datenstruktur ist somit gut die Durchführung einer kFA geeignet. Auch der sog. Bartlett-Test auf Spherizität bestätigt die grundsätzliche Eignung der Daten für eine Faktorenanalyse. Dieser überprüft die Hypothese, dass die Stichprobe aus einer Grundgesamtheit entstammt, in welcher die latenten Variablen sich nicht gegenseitig beeinflussen (Backhaus et al. 2008, 335). Alle berechneten Teststatistikwerte weisen eine Fehlerwahrscheinlichkeit kleiner 0,01 auf, d. h. es liegen keine signifikant miteinander korrelierenden Variablen vor.

Im Anschluss an die eFA wurde das Modell für die kFA vorbereitet. Um die Schätzung der latenten Variablen im Rahmen der kFA zu ermöglichen, wurden die Indikatorvariablen $E2$, $S2$, $G1$, $Mod2$, $Mon1$, $O1$ als Referenzvariablen festgelegt, indem deren Regressionsgewichte auf den Wert 1 fixiert wurden (siehe Abbildung 4-3). Das Modell weist mit 854 Freiheitsgraden einen positiven Wert auf und ist demnach als überidentifiziertes Modell für die Durchführung einer kFA geeignet, d. h. es stehen genügend Informationen zur Verfügung, um alle notwendigen Berechnungen durchführen zu können.

### 4.2.3 Parameterschätzung und Beurteilung der Schätzergebnisse

Nachdem die Grundvoraussetzungen zur Durchführung einer kFA erfüllt sind, wird mit Hilfe der ML-Methode die Schätzung der Modellparameter vorgenommen und die berechneten Ergebnisse beurteilt.

**Prüfung auf Indikatorebene**

Zunächst ist die Korrelationsmatrix auf unplausible Werte außerhalb des Definitionsbereichs von $[-1; 1]$ zu überprüfen. Alle berechneten Korrelationen liegen in diesem Wertebereich und sind dadurch zur weiteren Signifikanzprüfung geeignet.

Um die Signifikanz der Indikatoren zu bestätigen, sollte das jeweilige Critical Ratio (C. R.) einen Wert von 1,96 überschreiten. Das C. R. ergibt sich aus der Durchführung eines t-Tests und dient als Prüfgröße, anhand derer die Hypothese überprüft wird, dass die durch einen t-Test geschätzten Werte sich nicht signifikant von Null unterscheiden. Liegt das C. R. über 1,96 so kann die Hypothese mit einer Irrtumswahrscheinlichkeit von $\leq 5\%$ verworfen werden (vgl. Backhaus et al. 2011, 140). Alle berechneten C. R.-Werte liegen über dem geforderten Grenzwert, was als Indiz dafür gilt, „dass die entsprechenden Parameter einen gewichteten Beitrag zur Bildung der Modellstruktur liefern“ (Backhaus et al. 2011, 140).

Um die Eignung der Indikatoren für die Variablenschätzung zu bestimmen, werden die einzelnen Faktorladungen der latenten Variablen analysiert. Jene Faktorladungen geben an, wie gut ein Indikator eine latente Variable widerspiegelt. Laut Hair et al. (2010, 708) sollten die Ladungen keine Werte kleiner 0,5 annehmen und im Idealfall größer 0,7 sein, um die latente Variable hinreichend genau zu beschreiben. Unter den berechneten Werten befinden sich sieben Faktorladungen, die die Idealgrenze nicht erfüllen ($Mon5 = 0{,}61$, $Mod1 = 0{,}26$, $Mod3 = 0{,}42$, $Mod4 = 0{,}45$, $O2 = 0{,}4$, $O5 = 0{,}57$, $O8 = 0{,}33$)[45] und aus der weiteren Analyse ausgeschlossen werden.[46]

Die kFA wird ohne diese Indikatoren erneut berechnet, sodass eine zweite Iterationsstufe entsteht. Sämtliche analysierten Kennzahlen der zweiten Iteration erfüllen die dargelegten Grenzwerte, sodass mit der Überprüfung des Modifikationsindex (M.I.) fortgefahren wird. Dieser berechnet für alle Beziehungen von Variablen, die im Ausgangsmodell bisher nicht spezifiziert wurden,die entsprechenden Kovarianzen. Hohe M.I.-Werte deuten auf eine starke Beziehung zwischen den Variablen hin (Hair et al. 2010, 712). Fehlervariablen mit Werten $> 10$ deuten auf starke Korrelationen mit anderen Variablen hin, sodass ihr zugehöriger Indikator aus dem Modell ausgeschlossen wird. Auf diese Weise werden die Indikatoren $S5$, $G1$, $Mon8$, $Mod2$ und $O1$ schrittweise aus dem Green-BPM-readiness-Modell entfernt. Um die Variablen schrittweise auszuschließen

---

45 Die Faktorladungen der einzelnen Indikatoren werden in Abbildung 0-9 im Anhang dargestellt.

46 Analog zur Analyse der Faktorladungen können auch die quadrierten Faktorladungen (Indikatorreliabilität) analysiert werden. Diese geben den Anteil der Varianz der zugehörigen latenten Variablen an, der durch den Indikator erklärt wird und sollten mindestens Werte von 0,5 aufweisen (Hair et al. 2010, 708; Backhaus et al. 2011, 140-141).

ist der M.I., bzw. die gesamte kFA, nach jeder Eliminierung einer Variablen neu zu berechnen und zu analysieren. Dabei wird jeweils derjenige Indikator mit dem größten M.I. entfernt.

Nachdem sich sämtliche M.I.-Werte unterhalb der Obergrenze befinden, werden die standardisierten Residuen der Kovarianzen einzelner Indikatoren untersucht. Die Residuen geben die Differenz zwischen der beobachteten und der geschätzten Kovarianz an. Je besser die Schätzung die durch die Umfrage ermittelten Daten abbildet, umso geringer ist deren Differenz. Werden die Residuen durch den entsprechenden Wert der Fehlervariablen dividiert, ergeben sich die standardisierten Residuen der Kovarianzen, die unabhängig von der verwendeten Messskala interpretiert werden können. Diese Werte sollten möglichst gering sein, wobei 0,4 als Grenzwert gilt (vgl. Hair et al. 2010, 711). Da der Indikator $Mon7$ diesen Grenzwert übersteigt (Durchschnitt $= 0{,}61$) wird er aus dem Green-BPM-readiness-Modell eliminiert. Das nun angepasste Green-BPM-readiness-Modell erfüllt auf Indikatorebene alle bisher dargelegten Grenzwerte, sodass mit der Analyse auf Konstruktebene fortgefahren wird.

**Prüfung auf Konstruktebene**

Die Faktorreliabilität (FR) überprüft, wie gut eine latente Variable dazu geeignet ist, die ihnen zugeordneten Indikatoren zu messen. Sie wird nach folgender Formel berechnet (vgl. Backhaus et al. 2011, 141; Hair et al. 2010, 710):[47]

$$FR = \frac{(\sum_{i=1}^{n} L_i)^2}{(\sum_{i=1}^{n} L_i)^2 + \sum_{i=1}^{n} e_i}$$

FR-Werte $> 0{,}7$ sprechen für eine gute Reliabilität der Faktoren (vgl. Hair et al. 2010, 710). Die Faktorreliabilitäten des Green-BPM-readiness-Modells bestätigen mit Werten zwischen 0,9 beim Faktor *Strategie* und 0,95 beim Faktor *Einstellung* die gute Eignung der Modellfaktoren (siehe Abbildung 4-4).

---

47 $L$ bezeichnet den Wert der Faktorladung einer Variablen $i$ und $e$ die Varianz der zugehörigen Fehlervariablen ($e_i = 1 - L_i{}^2$).

| Faktor | FR | DEV |
|---|---|---|
| Einstellung | 0,947 | 0,719 |
| Strategie | 0,901 | 0,649 |
| Governance | 0,938 | 0,791 |
| Modellierung | 0,927 | 0,808 |
| Monitoring | 0,931 | 0,693 |
| Optimierung | 0,915 | 0,685 |

Abbildung 4-4: Reliabilität des Messmodells

Ein weiteres Reliabilitätsmaß stellt die durchschnittlich je latenter Variable extrahierte Varianz (DEV) dar. Sie beschreibt, wie gut eine latente Variable die zugehörigen Indikatoren misst und gibt den Anteil der Varianz der latenten Variablen an, der durch die Indikatoren erklärt wird. Die DEV berechnet sich durch folgende Funktion:

$$DEV = \frac{\sum_{i=1}^{n} L_i{}^2}{\sum_{i=1}^{n} L_i{}^2 + \sum_{i=1}^{n} e_i}$$

DEV-Werte unter 0,5 weisen darauf hin, dass die latente Variable im Durchschnitt eine höhere Fehlervarianz als die Varianz der Indikatoren misst (vgl. Backhaus et al. 2011, 141; Hair et al. 2010, 709). Die DEV-Werte des Green-BPM-readiness-Modells bestätigen mit Werten zwischen 0,65 beim Faktor *Strategie* und 0,81 beim Faktor *Modellierung* die gute Eignung der Modellfaktoren zur Messung der jeweiligen Indikatoren.

Die Diskriminanzvalidität überprüft anhand des Fornell/Larcker-Kriteriums, inwieweit die latenten Variablen eigenständige, trennscharfe Faktorgebilde darstellen. Das Kriterium gilt als erfüllt, wenn der DEV-Wert eines Faktors ($\zeta_j$) größer ist als jede quadrierte Korrelation dieses Faktors mit einem anderen Faktor ($\phi_{ij}^2$):

$$DEV(\zeta_j) \geq \phi_{ij}^2$$

Ein Faktor sollte also mehr von der Varianz der ihm zugeordneten Indikatoren erklären, als mit anderen Faktoren in Beziehung zu stehen. Erfüllt ein Faktor das Fornell/Larcker-Kriterium nicht, ist dessen Messung durch die ihm zugeordneten Indikatoren nicht eindeutig und wird von anderen Modellkonstrukten beeinflusst (vgl. Backhaus et al. 2011, 142; Hair et al. 2010, 710). Für das Green-BPM-readiness-Modell ist das Fornell/Larcker-Kriterium in 19 von 30 Fällen (63%) erfüllt, was auf eine wenig trennscharfe Messung hindeutet.[48] Jedoch ist dies inhaltlich damit zu begründen, dass die Befragten ihre Antworten mehrheitlich (68%) im Bereich „trifft zu" bzw. „trifft nicht zu" wählten. Dies resultiert, trotz eindeutiger thematischer Abgrenzung der Fragen, in einer hohen Korrelation zwischen den einzelnen Faktoren. Darüber hinaus bestehen zwischen den einzelnen Modellelementen Interdependenzen, die sich in der Messung des Modells widerspiegeln. Da alle anderen untersuchten Gütemaße die Reliabilität und Validität des Modells bestätigen, wird mit der Analyse auf Modellebene fortgefahren.

**Prüfung auf Modellebene**

Um das gesamte Messmodell zu beurteilen, werden verschiedene Gütemaße analysiert und weitere Modellanpassungen vorgenommen. Zunächst wird der SRMR berechnet, anhand dessen sich untersuchen lässt, ob die Differenz zwischen empirischer und modelltheoretischer Kovarianzmatrizen ($S$ bzw. $\Omega$) vernachlässigbar gering ist (näherungsweiser Modellfit) (vgl. Backhaus et al. 2011, 145; Hair et al. 2010, 168).[49] Das Green-BPM-readiness-Modell weist einen SRMR von 0,059 auf, was für einen akzeptablen Modellfit spricht.[50]

Im nächsten Schritt wird ein Chi-Quadrat-Anpassungstest ($X^2$) durchgeführt, der die Nullhypothese überprüft, dass das geschätzte Modell die empirisch beobachtete Datenstruktur tatsächlich abbildet und dadurch einen guten Modellfit aufweist. Im Rahmen des Tests wird überprüft, ob die geschätzten von den empirisch beobachteten Kovarianzen abweichen, d. h. ob die Kovarianzmatrizen $S$ und $\Omega$ übereinstimmen. Je geringer die Differenz, umso kleiner ist der $X^2$-Wert und desto besser der Modellfit (vgl. Backhaus et al. 2011, 143; Hair et al. 2010, 166). Da der $X^2$-Wert von der Anzahl der Freiheitsgrade ($df$) abhängt und wenig aussagekräftig ist, wird er durch $df$ normiert. Der resultierende Wert sollte für eine gute Modellgüte einen Wert kleiner 2 annehmen. Für das

---

48 Die jeweiligen quadrierten Korrelationen sind in Abbildung 0-10 im Anhang dargestellt.

49 Die Berechnung ergibt sich aus: $SRMR = \sqrt{(2\sum\sum(\frac{s_{ij}-\sigma_{ij}}{s_{ii}s_{jj}})^2/p(p+1)}$. Eine ausführliche Erläuterung der Berechnung des SRMR geben Backhaus et al. (2011, 145).

50 Der Schwellenwert für einen akzeptablen Modellfit liegt bei SRMR $\leq 0{,}1$ und für einen guten bei SRMR $\leq 0{,}05$ (vgl. Backhaus et al. 2011, 145).

Green-BPM-readiness-Modell ist diese Bedingung mit $X^2/df = 1{,}5$ erfüllt (vgl. Backhaus et al. 2011, 161).

Da der $X^2$-Test bei Modellen mit einer großen Anzahl zu schätzender Variablen zu Ungenauigkeiten neigt, wird der RMSEA zur Beurteilung des Modells herangezogen.[51] Dieser berücksichtigt den Umfang der Stichprobe und sollte für einen akzeptablen Modellfit den Wert von 0,08 nicht überschreiten (vgl. Backhaus et al. 2011, 144; Hair et al. 2010, 167). Die Güte des RMSEA verbessert sich mit steigendem Umfang der verwendeten Stichprobe. Somit kann der akzeptable Modellfit von 0,087 des Green-BPM-readiness-Modells dadurch begründet werden, dass lediglich 66 auswertbare Fragebögen zur Verfügung stehen (vgl. Hair et al. 2010, 167).

Durch den Ausschluss weiterer Indikatoren ($S4$, $G4$, $E4$, $E7$, $Mon2$, $Mon3$, $Mon6$ und $O4$) erreicht die Modellgüte sehr gute Werte, ohne dabei andere Restriktionen (z. B. mindestens 3 Indikatoren pro latenter Variable) und Schwellenwerte (z. B. Faktorladungen $> 0{,}7$) zu verletzen. Der SRMR des Messmodells der latent exogenen Variablen liegt bei 0,045 und der RMSEA bei 0,046, wodurch die nun sehr gute Modellgüte bestätigt wird (siehe Abbildung 4-5).

| $X^2$ | df | p | $X^2$/df | RMSEA | SRMR |
|---|---|---|---|---|---|
| 221,12 | 194 | 0,088 | 1,14 | 0,046 | 0,045 |

Abbildung 4-5: Modellgüte des Messmodells

Das in Abbildung 4-6 dargestellte, optimierte Messmodell der latent exogenen Variablen erfüllt alle vorgestellten Reliabilitäts-, Validitäts- und Modellfitmaße.

---

51 Der RMSEA berechnet sich aus der Funktion: $RMSEA = \sqrt{MAX[(X^2 - df)/(df(N-1)); 0]}$. Eine ausführliche Erläuterung der Berechnung geben Backhaus et al. (2011, 144).

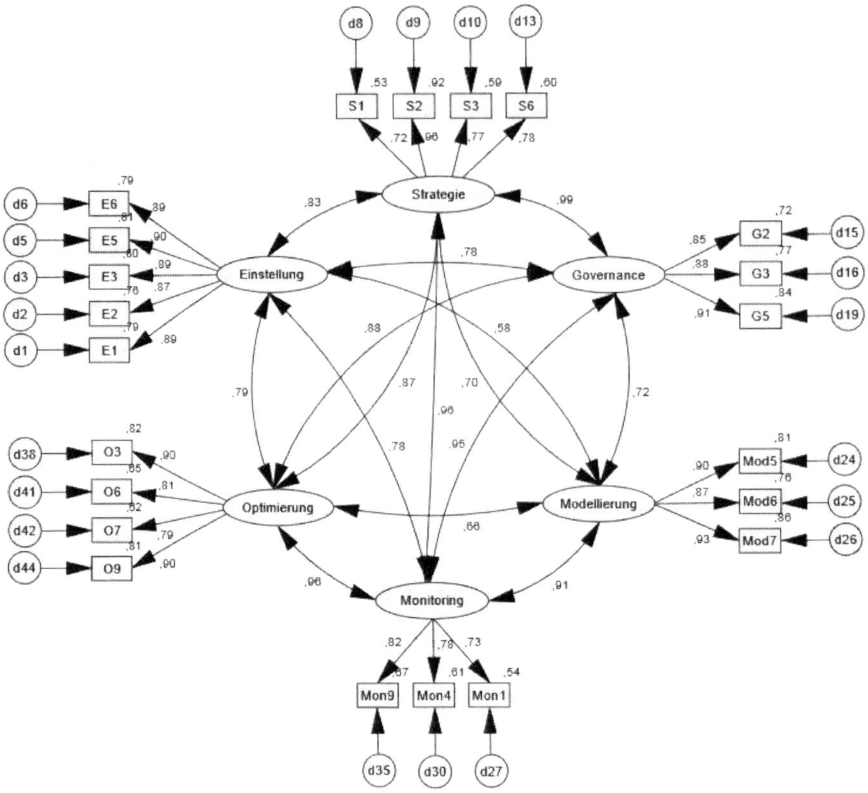


Abbildung 4-6: Optimiertes Messmodell der Green-BPM-readiness (eigene Darstellung)

Da das Messmodell der latent endogenen Variablen der Green-BPM-readiness lediglich aus einer latenten Variablen (Green-BPM-readiness) und einem gemessenen Indikator (Global) besteht, ist hier keine Anpassung bzw. Analyse notwendig und es kann mit der Analyse des Strukturmodells fortgefahren werden.

## 4.3 Regressionsanalyse des Strukturmodells

Das durch die kFA optimierte Messmodell dient als Basis für die Analyse des Strukturmodells. Je nach Ausprägung bzw. Detaillierungsgrad hinsichtlich ökologischer Nachhaltigkeit beeinflussen die jeweiligen Faktoren *Einstellung*, *Strategie*, *Governance*, *Modellierung*, *Monitoring* und *Optimierung* die Green-BPM-readiness eines Unternehmens. Dadurch ergibt sich ein formatives Strukturmodell, welches mit Hilfe der Open-Source-Software SmartPLS 2.0 (M3) analysiert wird (siehe Abbildung 4-7).[52]

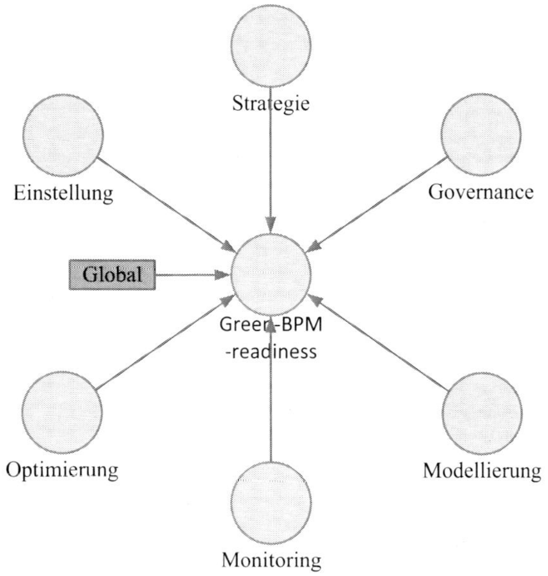


Abbildung 4-7: Initiales Strukturmodell der Green-BPM-readiness (eigene Darstellung)

Zu Beginn der Analyse werden die im Strukturmodell aufgestellten Hypothesen überprüft, welche besagen, dass die jeweiligen Faktoren wesentlich (signifikant) zur Erklärung der Green-BPM-readiness von Unternehmen beitragen. Anhand eines zweiseitigen t-Tests[53] werden die Beziehungen zwischen den latenten Variablen auf ihre Signifikanzen analysiert. Für die Faktoren *Governance* und *Modellierung* liegt der t-Wert über 2,57, wodurch die Hypothese mit einer Irrtumswahrscheinlichkeit von ≤ 1% angenommen werden kann (siehe Abbildung 4-8). Die Wahrscheinlichkeit zur Bestätigung der Nullhypothese, dass die *Governance* bzw. die *Modellierung* signifikant zur Erklärung der Green-BPM-readiness beitragen, liegt bei mindestens 99%. Beide Faktoren sind somit hoch signifikant. Die t-Werte der weiteren Faktoren unterschreiten den kritischen Wert von 1,66 für ein Signifikanzniveau von 10%, was zur Ablehnung der jewei-

---

52 Formative Strukturmodelle können mit dem faktoranalytischen Ansatz der kFA Ansatz nicht analysiert werden. Aus diesem Grund wird für die weitere Untersuchung der regressionsanalytische Ansatz der Partial Least Squares (PLS) genutzt (vgl. Backhaus et al. 2008, 522; Backhaus et al. 2011, 121).

53 Ein t-Test überprüft, ob sich die geschätzten Werte signifikant von Null unterscheiden. Für unterschiedliche Signifikanzniveaus muss der t-Wert einen Minimalwert aufweisen ($t > 2,57$ bei 1%; $t > 1,96$ bei 5%; $t > 1,65$ bei 10%) (vgl. Hair et al. 2011, 145). Eine ausführliche Beschreibung der Vorgehensweise von t-Tests bieten Backhaus et al. (2006, 73-77) sowie Hair et al. (2011, 443-445).

ligen Nullhypothesen führt. Bei verworfenen Hypothesen werden laut Huber (2012, 27) und Schlegl (2010, 65) die entsprechenden Faktoren nicht sofort aus dem Strukturmodell entfernt, da eine Eliminierung die inhaltliche Veränderung des, aufgrund theoretischer Überlegungen erstellten, Modells zur Folge hätte. Vielmehr wird das Strukturmodell zunächst weiterer Güteprüfungen unterzogen (vgl. Huber 2012, 27; Schlegl 2010, 65).

| Faktor | t-Wert |
|---|---|
| Einstellung | 0,7931 |
| Strategie | 0,0338 |
| Governance | 3,4186 |
| Modellierung | 2,5704 |
| Monitoring | 0,3253 |
| Optimierung | 0,3160 |

Abbildung 4-8: Ergebnis der Signifikanzprüfung der Faktoren

Um die Qualität der Beziehungen zwischen den einzelnen Faktoren und der Green-BPM-readiness zu beurteilen, werden das Bestimmtheitsmaß ($R^2$) und die Vorhersagevalidität ($Q^2$) analysiert. $R^2$ gibt den Anteil der Varianz der Green-BPM-readiness an, welcher durch die Faktoren erklärt werden kann (vgl. Herrmann et al. 2012, 59; Huber 2012, 28). Für das vorliegende Modell liegt der $R^2$-Wert bei 0,712. Die Green-BPM-readiness wird somit gut (zu 71,2%) durch die sie beeinflussenden Faktoren erklärt.[54]

Die Vorhersagevalidität gibt an, wie gut die empirisch erhobenen Daten durch das Modell abgebildet werden. Der $Q^2$-Wert des Strukturmodells liegt bei 0,53 und überschreitet den, in der wissenschaftlichen Literatur empfohlenen, kritischen Wert von 0 (vgl. Bliemel et al. 2005, 85; Hermann et al. 2006, 58; Chen 1998, 318).[55] Dies lässt vermuten, dass die Elemente und Beziehungen des Green-BPM-readiness-Modells eine angemessene Prognosefähigkeit besitzen und die Green-BPM-readiness dadurch hinreichend gut durch die Faktoren bestimmt werden kann.

---

54 Der kritische $R^2$-Wert liegt bei 0,19 (vgl. Chin 1998, 323).

55 Der $Q^2$-Wert wird mittels eines Stone-Geisser-Tests ermittelt. Ausführliche Informationen zur Vorgehensweise bieten Bliemel et al. (2005, 84-85) und Chin (1998, 317-318).

Anhand des bereits untersuchten Bestimmtheitsmaßes $R^2_{inkl}$ lassen sich Aussagen über die Bedeutsamkeit eines Faktors treffen (vgl. Bliemel et al. 2005, 84; Chen 1998, 316). Die Effektstärke $f^2$ gibt Aufschluss darüber, ob die jeweiligen Faktoren einen substanziellen Einfluss auf die Green-BPM-readiness haben. Die Kennzahl untersucht die Änderung von $R^2$ bei Eliminierung des jeweiligen Faktors. Dazu wird für jeden der sechs Faktoren das Bestimmtheitsmaß $R^2_{exkl}$ berechnet, wenn dieser aus dem Modell ausgeschlossen würde. Die Effektstärke berechnet sich wie folgt (vgl. Bliemel et al. 2005, 84; Chin 1998, 316):

$$f^2 = \frac{R^2_{inkl} - R^2_{exkl}}{1 - R^2_{inkl}}$$

Abbildung 4-9 stellt die berechneten $R^2$ und $f^2$-Werte dar.[56] Demnach besitzt die *Governance* den größten Einfluss auf die Green-BPM-readiness, gefolgt von der *Modellierung*, die nur einen schwachen Einfluss aufweist. Die Faktoren *Einstellung*, *Strategie*, *Monitoring* und *Optimierung* unterschreiten den kritischen Wert von 0,02 und nehmen somit keinen statistischen Einfluss auf die Green-BPM-readiness.

| | Gesamt (inkl.) | exkl. Einstellung | exkl. Strategie | exkl. Governance | exkl. Modellierung | exkl. Monitoring | exkl. Optimierung |
|---|---|---|---|---|---|---|---|
| $R^2$ | 0,7115 | 0,7096 | 0,711 | 0,6535 | 0,678 | 0,7109 | 0,711 |
| $f^2$ | | 0,0066 | 0,0017 | 0,201 | 0,116 | 0,0021 | 0,0017 |

Abbildung 4-9: Effektstärke der Faktoren auf die Green-BPM-readiness

Abbildung 4-10 stellt das Ergebnis der Regressionsanalyse des Strukturmodells abschließend grafisch dar. Die standardisierten Regressionsgewichte von *0,628* und *0,311* lassen bereits vermuten, dass die *Governance* und *Modellierung* Einfluss auf die Green-BPM-readiness nehmen.[57]

---

[56] Die Grenzwerte für $f^2$ liegen bei 0,02, 0,15 und 0,35 für einen schwachen, moderaten und starken Einfluss (vgl. Bliemel et al. 2005, 84; Chin et al. 1998, 317).

[57] Regressionsgewichte nahe 0 deuten auf keinen bzw. einen geringen Zusammenhang hin.

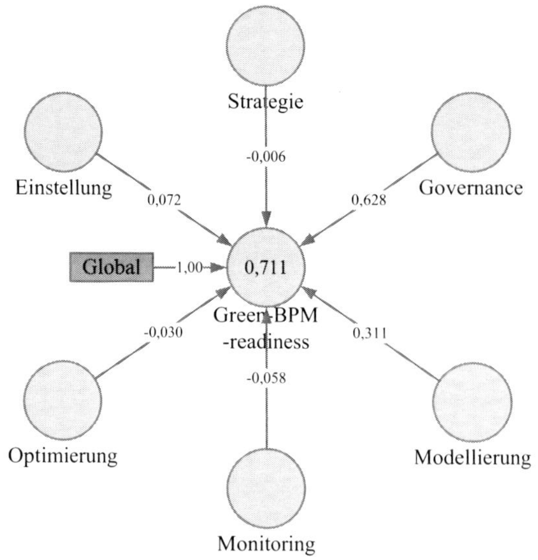


Abbildung 4-10: Berechnetes Strukturmodell der Green-BPM-readiness (eigene Darstellung)

Es lässt sich konstatieren, dass durch die Evaluierung des Green-BPM-readiness-Modells für die Faktoren *Governance* und *Modellierung* ein statistischer Einfluss auf die Green-BPM-readiness von Unternehmen nachgewiesen werden kann. Sowohl die Reliabilitäts- als auch die Validitätskennzahlen des Messmodells erfüllen die in der wissenschaftlichen Literatur üblichen Grenzwerte. Die Analyse des Messmodells zeigt, dass die Indikatoren die latenten Variablen ausreichend wiederspiegeln und die gesamte Struktur des Green-BPM-readiness-Modells zur Messung geeignet ist.

Für die Faktoren *Governance* und *Modellierung* lässt sich die Signifikanz und der Einfluss auf die Green-BPM-readiness statistisch bestätigen. Die Faktoren *Einstellung*, *Strategie*, *Monitoring* und *Optimierung* werden zunächst nicht aus dem Modell eliminiert, da diese aufgrund der sachlogischen Literaturanalyse als eindeutige Einflussgrößen identifiziert werden konnten und zur Gesamtmodellgüte einen wesentlichen Beitrag leisten.

# 5 Fazit

Die vorliegende Arbeit verfolgt das Ziel, ein Modell zur Erfassung der Green-BPM-readiness zu entwickeln und statistisch zu evaluieren. Anhand der in der wissenschaftlichen Literatur genannten Faktoren ökologisch nachhaltigen GPMs wurde zunächst ein Rahmenmodell entworfen. Zur empirischen Untersuchung des Modells wurden anschließend Indikatoren zur Evaluierung der einzelnen Modellelemente abgeleitet und eine Datenerhebung durchgeführt. Anhand der Analyse eines Strukturgleichungsmodells wurden die gesammelten Daten ausgewertet und darauf aufbauend das theoretische Modell weiter entwickelt und bewertet. Zur Erreichung des Untersuchungsziels wurden einleitend drei konkrete Forschungsfragen formuliert, welche im Rahmen der Ausführungen vollständig beantwortet werden konnten. Diese werden im Folgenden noch einmal aufgegriffen und zusammenfassend beantwortet.

*FF1:* Wie lässt sich die Green-BPM-readiness in einem theoretischen Modell erklären? Die Analyse der wissenschaftlichen Literatur hat gezeigt, dass bisher keine Konzepte zur Erfassung der Green-BPM-readiness vorhanden sind. Jedoch existiert eine Vielzahl von Quellen, die sich mit dem Themenbereich des nachhaltigen GPMs auseinandersetzen. Durch die Analyse relevanter Literaturquellen wurde ein Modell abgeleitet, welches die Faktoren grüne *Einstellung*, *Strategie*, *Governance*, *Modellierung*, *Monitoring* und *Optimierung* umfasst. Alle Elemente beeinflussen die readiness eines Unternehmens, grünes GPM einzuführen bzw. umzusetzen, indem sie unterschiedliche Ausprägungen bzw. Detaillierungsstufen hinsichtlich ökologischer Nachhaltigkeit aufweisen.

*FF2:* Welche statistisch relevanten Faktoren und Indikatoren können in einem Green-BPM-readiness-Modell identifiziert werden? Mit Hilfe der Faktorenanalyse konnte die im theoretischen Modell vermutete Struktur statistisch ausgewertet und bestätigt werden. Durch die mehrstufige Analyse des Messmodells wurden einzelne Indikatoren eliminiert, sodass die Faktoren untereinander als signifikant eingestuft werden konnten. Die einzelnen Indikatoren erwiesen sich als geeignete Messparameter für die ihnen zugeordneten Modellfaktoren. Darüber hinaus bestätigten sich auch die Faktoren als sinnvolle, latente Konstrukte für die jeweiligen Indikatoren. Die durchgeführten Analysen attestieren dem Green-BPM-readiness-Modell eine gute Modellvalidität, -reliabilität und Modellgüte.

*FF3:* In welchem Maß beeinflussen die identifizierten Faktoren die Green-BPM-readiness? Die Analyse des Strukturmodells ergab, dass lediglich die beiden Faktoren *Governance* und *Modellierung* signifikanten Einfluss auf die Green-BPM-readiness ausüben. Den weiteren vier Faktoren konnte, im Rahmen der vorliegenden Stichprobe, kein Einfluss nachgewiesen werden. Dennoch tragen auch die Faktoren *Einstellung*, *Strategie*, *Monitoring* und *Optimierung* wesentlich zur Güte des Green-BPM-readiness-Modells bei. Da sie in der wissenschaftlichen Literatur als wichtiger Bestandteil des grünen GPMs genannt werden, sollten sie im Modell weiterhin Berücksichtigung finden.

**Kritische Diskussion der Untersuchung**

Das Ergebnis der vorliegenden Arbeit deckt sich mit der einleitend erwähnten Studie der Managementberatung Bearingpoint (2012), bei der Elemente der Governance als wichtigste Einflussgrößen zur Etablierung von nachhaltigem GPM eingestuft wurden.

Die Stichprobe der vorliegenden Arbeit ist mit 66 Datensätzen zwar als statistisch ausreichend anzusehen, führt jedoch, insbesondere bei der Ermittlung des Einflussgrads der Faktoren, zu nicht signifikanten Werten und Messfehlern (vgl. Hair et al. 2010, 707). Um das Ergebnis zu validieren wird empfohlen, die Studie auf Basis einer größeren Stichprobe erneut durchzuführen.

Darüber hinaus erwies sich die Ansprache der Studienteilnehmer mittels des Mediums E-Mail als schwierig. Das Verhältnis versandter E-Mails (5092) zu tatsächlichen Studienteilnehmern (210) ist als gering einzustufen, allerdings ist zu beachten, dass hier nur wenig direkter Einfluss ausgeübt werden kann. Die persönliche Ansprache ausgesuchter Unternehmen kann gegenüber der, in der vorliegenden Arbeit durchgeführten, breit angelegten Verbreitung der Umfrage zu Verbesserungen bei der Rücklaufquote führen.

Zur Analyse des Green-BPM-readiness-Modells wurde aufgrund softwarespezifischer Beschränkungen auf zwei unterschiedliche Programmpakete zurückgegriffen. Dadurch können Verzerrungen, die z. B. durch das Überführen des Modells von AMOS in SmartPLS entstehen, nicht ausgeschlossen werden. Aus diesem Grund wird empfohlen, die Analyse des Modells mit einem Programm wie bspw. Lisrel oder MPlus wiederholt durchzuführen. Des Weiteren erfolgte die Berechnung der Kennzahlen auf Basis definierter Metriken wie der ML-Methode. Zur Validierung der Ergebnisse ist die Verwendung alternativer Schätzmethoden zu empfehlen.

**Empfehlungen für die Forschung**

Die im Rahmen der vorliegenden Arbeit durchgeführte Analyse wissenschaftlicher Green-BPM-Literatur hat gezeigt, dass insbesondere bei der Modellierung grüner Prozesse und dem Monitoring grüner Kennzahlen erheblicher Forschungsbedarf besteht.

Aktuell existieren keine Modellierungsstandards, die das Design und die Erfassung ökologischer Prozesse mit speziellen Notationselementen unterstützen. Die Messung ökologisch ausgerichteter KEIs folgt bislang keinen einheitlichen Messmethoden, was zu einer eingeschränkten Transparenz und Vergleichbarkeit der Kennzahlen führt.

Die Aufgabe der Wissenschaft ist es, für Kennzahlen wie bspw. den CO2-Fußabdruck einheitliche Messtechniken und Berechnungsgrundlagen zu schaffen und Modellierungsnotationen um die Möglichkeit grüner Modellierung zu erweitern. Die Nutzung natürlicher Ressourcen, der Verbrauch von Energie oder die Emission von Treibhausgasen kann dadurch in Form von Kennzahlen aufbereitet werden, um den Aktivitäten und Prozessen entsprechende Umwelteinflüsse zuzuordnen.

**Empfehlungen für die Praxis**

Für die unternehmerische Praxis bildet das Green-BPM-readiness-Modell die Möglichkeit, den individuellen Reifegrad des GPMs in Bezug auf die ökologische Nachhaltigkeit zu ermitteln. Mit Hilfe der im Modell festgelegten Indikatoren lassen sich die verschiedenen Bereiche des grünen GPMs auf deren Umsetzungsgrad überprüfen. Dies ermöglicht es Unternehmen, Stärken und Schwächen zu identifizieren und Verbesserungspotenzial aufzudecken.

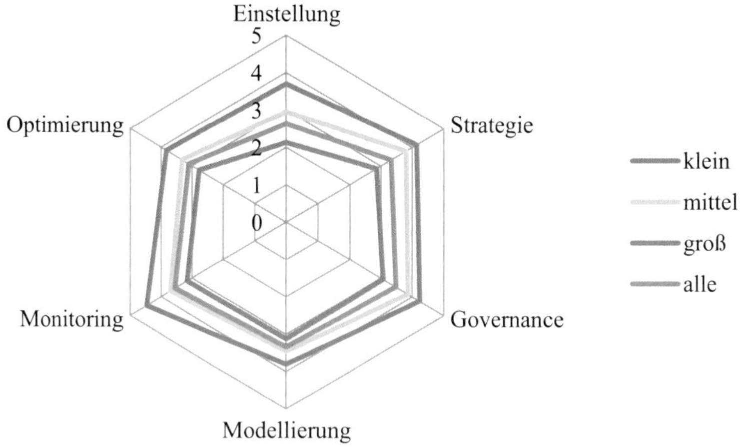


Abbildung 5-1: Green-BPM-readiness teilnehmender Unternehmen (eigene Darstellung)

Für die im Rahmen dieser Arbeit erhobene Stichprobe können Durchschnittswerte pro Teilnehmer und Faktor gebildet und in einem Diagramm dargestellt werden. Abbildung 5-1 zeigt beispielhaft den Reifegrad der jeweiligen Faktoren des grünen GPMs für Groß, Klein- und mittelständische Unternehmen. Es wird deutlich, dass Kleinunternehmen für jeden der einzelnen Faktoren den höchsten Umsetzungsgrad für grünes GPM aufweisen, während bei Großunternehmen, insbesondere im Bereich der Einstellung gegenüber nachhaltigem Wirtschaften, Verbesserungsbedarf vorhanden ist. Die nachhaltige Denkweise der Mitarbeiter eines Unternehmens bildet die Basis sämtlicher strategischer und operativer Planungen, Überwachungen und Ausführungen im Rahmen des GPMs. Somit bildet die Einstellung den ersten Ansatzpunkt zur Verbesserung des Umsetzungsgrads von grünem GPM in Großunternehmen.

Der durchschnittliche Reifegrad aller teilnehmenden Unternehmen und über alle sechs Faktoren hinweg beträgt 19,42 von maximal möglichen 30 Punkten, was als mäßig angesehen werden kann. Im Zusammenhang mit der Entwicklung nachhaltiger Mess- und Modellierungsmethoden für das GPM, in Kooperation zwischen der Forschung und der Praxis, lässt sich dieser Wert in Zukunft weiter verbessern, um die negativen Auswirkungen von Geschäftsprozessen auf die Natur zu verringern.

# Anhang

| Literaturdatenbank /-suchmaschine | Webadresse |
|---|---|
| ACM Digital Library | http://dl.acm.org/ |
| Bielefeld Academic Search Engine (BASE) | http://www.base-search.net/ |
| EBSCOhost | http://www.ebscohost.com/ |
| EconBiz | http://www.econbiz.de/ |
| Emerald | http://www.emeraldinsight.com/ |
| Google | https://www.google.de/ |
| Google Books | http://books.google.com/ |
| Google Scholar | http://scholar.google.de/ |
| IEEE Xplore | http://ieeexplore.ieee.org/ |
| Sciencedirect | http://www.sciencedirect.com/ |
| Springerlink | http://link.springer.com/ |
| WISO | http://www.wiso-net.de/ |
| World Wide Science | http://worldwidescience.org/ |

Abbildung 0-1: Verwendete Literaturdatenbanken und –suchmaschinen (eigene Darstellung)

| *Englisch* | | |
|---|---|---|
| Primärbegriff | Sekundärbegriff | Unterbegriff |
| green,<br>sustainable,<br>ecological | BPM,<br>Business Process Management,<br>BPR,<br>Business Process Reengineer-ing,<br>Business Process Optimization,<br>Business Process Modelling | readiness,<br>readiness model,<br>maturity,<br>maturity model,<br>model |
| *Deutsch* | | |
| grüne/r/s, nachhaltige/s,<br>ökologische/s | GPM,<br>Geschäftsprozessmanagement,<br>GPR,<br>Geschäftsprozessreengineering,<br>Geschäftsprozessoptimierung,<br>Geschäftsprozessmodellierung | readiness,<br>readiness Modell,<br>Reifegrad,<br>Reifegradmodell<br>Modell |
| Suchstrategie: Primärbegriff AND Sekundärbegriff AND Unterbegriff | | |

Abbildung 0-2: Verwendete Schlüsselwörter zur Literaturrecherche (eigene Darstellung)

| Veröffentlichung | BPM | Green IT/IKT | Green BPM | Readiness | Reifegrad |
|---|---|---|---|---|---|
| Becker et al. (2012)[58] | X | | | | X |
| Ghose et al. (2009, 2010) | | | X | | |
| Houy et al. (2011b) | | | X | | |
| Meyer/Teuteberg (2012) | | | X | | X |
| Molla (2008) | | X | | X | |
| Molla/Cooper 2009 | | X | | X | |
| Molla et al. (2008; 2009; 2011) | | X | | X | |
| Nowak et al. (2011a, 2011b, 2011c, 2012) | | | X | | |
| Opitz et al. (2012) | | | X | | |
| Pernici et al. (2011) | | | X | | |
| Rosemann /Bruin (2004; 2005; 2007) | X | | | X | X |
| Rosemann et al. (2004) | | | | | X |
| Seidel/Recker (2012) | | | X | | |
| vom Brocke et al. (2012) | | | X | | |
| Wabwoba et al. (2013) | | X | | X | |

Abbildung 0-3: Relevante Literaturquellen (eigene Darstellung)

<table>
<tr><th>Seite</th><th>Fragen/Indikatoren</th></tr>
<tr><td>1</td><td>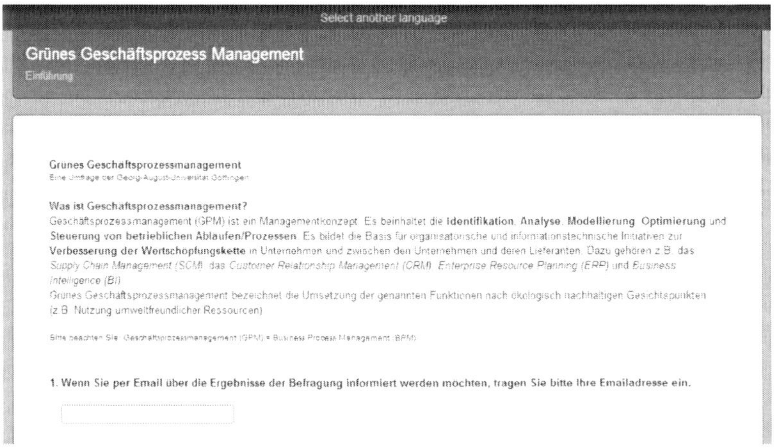
</td></tr>
</table>

58 Becker et al. (2012) geben eine Übersicht der in der wissenschaftlichen Literatur existierenden GPM-Reifegradmodelle. Da der Reifegrad wie in Kapitel 2.3 dargelegt als Teilbereich der readiness anzusehen ist, wurde der Beitrag stellvertretend für Reifegradmodelle in die Analyse einbezogen.

2

2. Position (CIO, IT-Leiter, IT-Mitarbeiter, CEO etc.)?

3. Wieviele Mitarbeiter sind in Ihrem Unternehmen beschäftigt?

- 1 - 25
- 26 - 50
- 51 - 250
- 251 - 1.000
- 1.001 - 5.000
- 5.001 - 10.000
- > 10.001

5. In welcher Branche ist Ihr Unternehmen tätig?

- Automobilindustrie und Zulieferer
- Chemie / Pharma / Healthcare
- Energiewirtschaft
- Finanzdienstleistungen (Versicherung / Bank)
- Informationstechnologie (IT) / Medien / Kommunikation
- Transport und Logistik
- Produzierendes Gewerbe / Industrie
- Nichtregierungsorganisation
- Öffentliche Institution
- Handel und Konsumgüter
- Andere

6. Setzt ihr Unternehmen aktuell Geschäftsprozessmanagement (GPM) ein?

- Ja
- Nein

7. Setzt ihr Unternehmen aktuell grünes/nachhaltiges Geschäftsprozessmanagement (gGPM) ein?

- Ja
- Nein

3

8. Wie sind Sie und Ihr Unternehmen gegenüber günem GPM eingestellt?

| | Trifft voll zu | Trifft zu | Neutral | Trifft nicht zu | Trifft überhuapt nicht zu |
|---|---|---|---|---|---|
| Unser Unternehmen beschäftigt sich mit aktuellen und neu auftretenden Regularien und Gesetzen in Bezug auf Treibhausgase und deren Emissionen. * | ○ | ○ | ○ | ○ | ○ |
| Unser Unternehmen befasst sich mit dem Design und der Durchführung ökologisch nachhaltiger Prozesse. * | ○ | ○ | ○ | ○ | ○ |
| Unser Unternehmen befasst sich mit der ökologischen Effizienz betrieblicher Prozesse und Abläufe. * | ○ | ○ | ○ | ○ | ○ |
| Unser Unternehmen befasst sich mit Energieverbrauchen die durch betriebliche Prozesse und deren Ressourcen verursacht werden. * | ○ | ○ | ○ | ○ | ○ |
| Unser Unternehmen befasst sich mit ökologisch nachhaltigem Ressourceneinsatz innerhalb von Prozessen. * | ○ | ○ | ○ | ○ | ○ |
| Unser Unternehmen befasst sich mit Emissionen (z.B. CO2, Abfall, etc.), die durch betriebliche Prozesse und Aktivitäten verursacht werden. * | ○ | ○ | ○ | ○ | ○ |
| GPM trägt zu den nachhaltigen Unternehmenszielen bei. * | ○ | ○ | ○ | ○ | ○ |

## 9. Wie ist die grüne Strategie Ihres Unternehmens ausgestaltet?

| | Trifft voll zu | Trifft zu | Neutral | Trifft nicht zu | Trifft überhaupt nicht zu |
|---|---|---|---|---|---|
| Unser Unternehmen besitzt eine Corporate Social Responsibility (CSR) Strategie. * | ○ | ○ | ○ | ○ | ○ |
| Unser Unternehmen besitzt eine ökologische Nachhaltigkeitsstrategie. * | ○ | ○ | ○ | ○ | ○ |
| Unser Unternehmen besitzt eine Strategie, um durch die Nutzung umweltfreundlicherer Ressourcen den Carbon Footprint zu senken. * | ○ | ○ | ○ | ○ | ○ |
| Unser Unternehmen besitzt eine Strategie, um die Mitarbeiter zu ökologischem Ressourcenverbrauch zu bewegen (z.B. Öko-Leitlinien, Öko Schulungen, etc.) * | ○ | ○ | ○ | ○ | ○ |
| Unser Unternehmen besitzt eine Green GPM Strategie. * | ○ | ○ | ○ | ○ | ○ |
| In unseren Unternehmenszielen sind auch ökologisch nachhaltige Zielvorstellungen verankert (bspw. Green Service Levels). * | ○ | ○ | ○ | ○ | ○ |

## 10. Wie ist die grüne Governance Ihres Unternehmens ausgestaltet?

| | Trifft voll zu | Trifft zu | Neutral | Trifft nicht zu | Trifft überhaupt nicht zu |
|---|---|---|---|---|---|
| Unser Unternehmen hat CO2 Ziele definiert um den Carbon Footprint zu senken. * | ○ | ○ | ○ | ○ | ○ |
| Es existiert eine Rolle die für die Koordination ökologischer Projekte im Unternehmen verantwortlich ist (z.b. Ecological Officer). * | ○ | ○ | ○ | ○ | ○ |
| Im Top Management werden Green GPM Themen diskutiert und erhalten eine hohe Priorität. * | ○ | ○ | ○ | ○ | ○ |
| Für Green GPM werden Budget und andere Ressourcen bereitgestellt. * | ○ | ○ | ○ | ○ | ○ |
| Unser Unternehmen besitzt einen hohen Reifegrad im Bereich Green GPM. * | ○ | ○ | ○ | ○ | ○ |
| Stakeholder (z.B. Lieferanten, Kunden, etc.) werden in die Nachhaltigkeitsplanungen miteinbezogen. * | ○ | ○ | ○ | ○ | ○ |

4

## 11. Wie ist die Prozessmodellierung Ihres Unternehmens ausgestaltet?

| | Trifft voll zu | Trifft zu | Neutral | Trifft nicht zu | Trifft überhaupt nicht zu |
|---|---|---|---|---|---|
| Betriebliche Prozesse werden in Prozessmodellen abgebildet. * | ○ | ○ | ○ | ○ | ○ |
| Bereits beim Design der Prozesse werden ökologische Aspekte mitberücksichtigt. * | ○ | ○ | ○ | ○ | ○ |
| Am Prozess beteiligte Ressourcen (z.B. PC, Telefon, Drucker, etc.) werden in Modellen abgebildet. * | ○ | ○ | ○ | ○ | ○ |
| Zur Modellierung von Prozessen wird eine standardisierte Modellierungssprache eingesetzt (z.B. BPMN, EPK, etc.). * | ○ | ○ | ○ | ○ | ○ |
| Informationen zu Emissionswerten (z.B. CO2-Ausstoß, Abfall, etc.) werden in Prozessmodellen modelliert. * | ○ | ○ | ○ | ○ | ○ |
| Informationen zu Ressourcenverbräuchen (z.B. Strom-, Material-, Wasserverbrauch, etc.) werden in Prozessmodellen abgebildet. * | ○ | ○ | ○ | ○ | ○ |
| In speziellen Ressourcenmodellen werden die Zusammensetzung und Interaktion einzelner Primär- und Sekundärressourcen abgebildet. * | ○ | ○ | ○ | ○ | ○ |

## 12. Wie ist das Prozessmonitoring Ihres Unternehmens ausgestaltet?

| | Trifft voll zu | Trifft zu | Neutral | Trifft nicht zu | Trifft überhaupt nicht zu |
|---|---|---|---|---|---|
| Unser Unternehmen erfasst den unternehmensweiten ökologischen Fußabdruck (Carbon Footprint). * | ○ | ○ | ○ | ○ | ○ |
| Unser Unternehmen erfasst den ökologischen Fußabdruck (Carbon Footprint) einzelner Prozesse. * | ○ | ○ | ○ | ○ | ○ |
| Im Unternehmen existieren Messtechniken, die es ermöglichen Ressourcenverbräuche (z.B. Stromverbrauch, CO2-Ausstoß, etc.) zu messen. * | ○ | ○ | ○ | ○ | ○ |
| Zur Evaluierung von Nachhaltigkeitskennzahlen werden Durchschnittswerte aus externen Datenbanken (z.B. US LCI Database, GEMIS, ProBas, etc.) herangezogen. * | ○ | ○ | ○ | This row is required. | |
| Prozesse werden anhand von Key Performance Indikatoren (KPIs) überwacht und optimiert. * | ○ | ○ | ○ | ○ | ○ |
| Die ökologische Nachhaltigkeit von Prozessen wird anhand von speziellen Nachhaltigkeitskennzahlen (z.B. Key Ecological Indicators) überwacht und optimiert. * | ○ | ○ | ○ | ○ | ○ |
| Es werden ökologische Schwellenwerte definiert und über Incidents Überschreitungen gemeldet. * | ○ | ○ | ○ | ○ | ○ |
| Es wird entsprechende Software eingesetzt um Prozessperformance zu messen und ökologische Daten zu sammeln. * | ○ | ○ | ○ | ○ | ○ |
| Unser Unternehmen bewertet externe Partner auch anhand ihrer Nachhaltigkeit (z.B. Carbon Footprint von Lieferanten, Abnehmern, etc.). * | ○ | ○ | ○ | ○ | ○ |

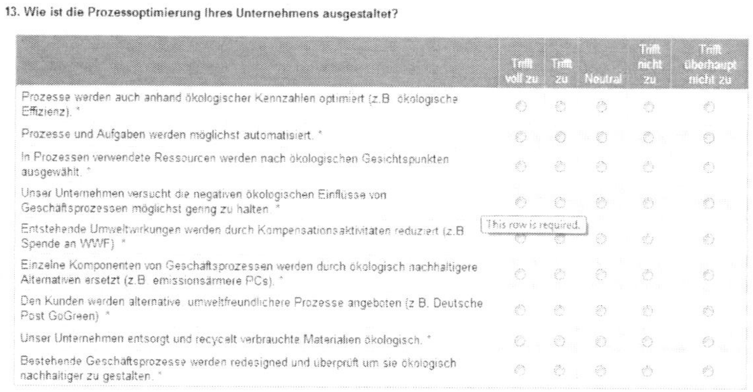

| | |
|---|---|
| | **13. Wie ist die Prozessoptimierung Ihres Unternehmens ausgestaltet?**

| | Trifft voll zu | Trifft zu | Neutral | Trifft nicht zu | Trifft überhaupt nicht zu |
|---|---|---|---|---|---|
| Prozesse werden auch anhand ökologischer Kennzahlen optimiert (z.B. ökologische Effizienz). * | ○ | ○ | ○ | ○ | ○ |
| Prozesse und Aufgaben werden möglichst automatisiert. * | ○ | ○ | ○ | ○ | ○ |
| In Prozessen verwendete Ressourcen werden nach ökologischen Gesichtspunkten ausgewählt. * | ○ | ○ | ○ | ○ | ○ |
| Unser Unternehmen versucht die negativen ökologischen Einflüsse von Geschäftsprozessen möglichst gering zu halten. * | ○ | ○ | ○ | ○ | ○ |
| Entstehende Umweltwirkungen werden durch Kompensationsaktivitäten reduziert (z.B. Spende an WWF). * | This row is required. | ○ | ○ | ○ | ○ |
| Einzelne Komponenten von Geschäftsprozessen werden durch ökologisch nachhaltigere Alternativen ersetzt (z.B. emissionsärmere PCs). * | ○ | ○ | ○ | ○ | ○ |
| Den Kunden werden alternative, umweltfreundlichere Prozesse angeboten (z.B. Deutsche Post GoGreen). * | ○ | ○ | ○ | ○ | ○ |
| Unser Unternehmen entsorgt und recycelt verbrauchte Materialien ökologisch. * | ○ | ○ | ○ | ○ | ○ |
| Bestehende Geschäftsprozesse werden redesigned und überprüft, um sie ökologisch nachhaltiger zu gestalten. * | ○ | ○ | ○ | ○ | ○ | |
| 5 | **Grünes Geschäftsprozess Management**
Fertig

Vielen Dank! Sie haben uns sehr geholfen!

100% |

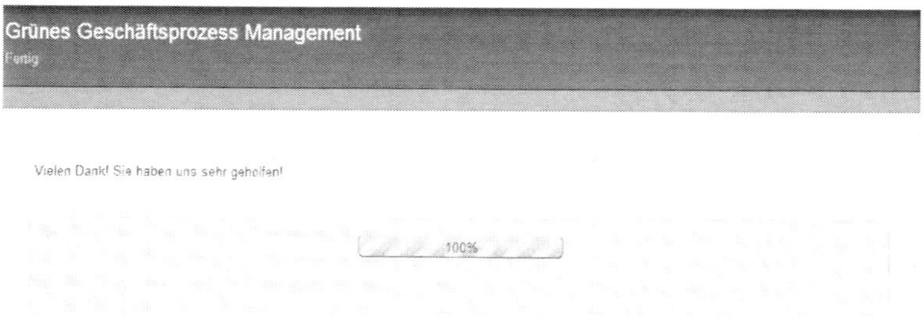

Abbildung 0-4: Onlinefragebogen (eigene Darstellung)

| Nr. | Deutsch | Englisch |
|---|---|---|
| **Wie sind Sie und Ihr Unternehmen gegenüber grünem GPM eingestellt?** | | **Your organization's attitude towards green BPM?** |
| E1 | Unser Unternehmen beschäftigt sich mit aktuellen und neu auftretenden Regularien und Gesetzen in Bezug auf Treibhausgase und deren Emissionen. | Our organization is concerned about emerging regulations in greenhouse gas emissions. |
| E2 | Unser Unternehmen befasst sich mit dem Design und der Durchführung ökologisch nachhaltiger Prozesse. | Our organization is concerned about the design and implementation of sustainable business processes. |
| E3 | Unser Unternehmen befasst sich mit der ökologischen Effizienz betrieblicher Prozesse und Abläufe. | Our organization is concerned about the ecological efficiency of our business processes. |
| E4 | Unser Unternehmen befasst sich mit Energieverbräuchen die durch betriebliche Prozesse und deren Ressourcen verursacht | Our organization is concerned about the energy consumption of our business processes. |
| E5 | Unser Unternehmen befasst sich mit ökologisch nachhaltigem Ressourceneinsatz innerhalb von Prozessen. | Our organization is concerned about sustainable resource consumption within processes. |
| E6 | Unser Unternehmen befasst sich mit Emissionen (z.B. CO2, Abfall, etc.), die durch betriebliche Prozesse und Aktivitäten | Our organization is concerned about emissions (e.g. CO2, waste, etc.) caused by business processes and activities. |
| E7 | GPM trägt zu den nachhaltigen Unternehmenszielen bei. | BPM contributes to our sustainable business goals. |
| **Wie ist die grüne Strategie Ihres Unternehmens ausgestaltet?** | | **Your organization's policy?** |
| S1 | Unser Unternehmen besitzt eine Corporate Social Responsibility (CSR) Strategie. | Our organization has defined a corporate social responsibility (CSR) policy. |
| S2 | Unser Unternehmen besitzt eine ökologische Nachhaltigkeitsstrategie. | Our organization has defined an environmental sustainability policy. |
| S3 | Unser Unternehmen besitzt eine Strategie, um durch die Nutzung umweltfreundlicherer Ressourcen den Carbon Footprint zu | Our organization has defined a policy on the use of resources to reduce the business's carbon footprint. |
| S4 | Unser Unternehmen besitzt eine Strategie, um die Mitarbeiter zu ökologischem Ressourcenverbrauch zu bewegen (z.B. Öko-Leitlinien, Öko-Schulungen, etc.). | Our organization has defined a policy on employees use of resources in a sustainable manner (e.g. sustainability guidelines, sustainability trainings, etc.). |
| S5 | Unser Unternehmen besitzt eine Green GPM Strategie. | Our organization has defined a green BPM policy. |
| S6 | In unseren Unternehmenszielen sind auch ökologisch nachhaltige Zielvorstellungen verankert (bspw. Green Service Levels). | Our overall business policy also contains of environmental sustainable objectives (e.g. green service levels). |
| **Wie ist die grüne Governance Ihres Unternehmens ausgestaltet?** | | **Your organization's governance?** |
| G1 | Unser Unternehmen hat CO2 Ziele definiert um den Carbon Footprint zu senken. | Our business has set C02 targets to reduce our corporate carbon footprint. |
| G2 | Es existiert eine Rolle, die für die Koordination ökologischer Projekte im Unternehmen verantwortlich ist (z.b. Ecological | Our business has defined a role for coordinating our business's green initiatives (e.g. ecological officer). |
| G3 | Im Top Management werden Green GPM Themen diskutiert und erhalten eine hohe Priorität. | Top management discuss Green BPM issues as a priority. |
| G4 | Für Green GPM werden Budget und andere Ressourcen bereitgestellt. | Our business has earmarked a budget and other resources for Green BPM. |
| Global | Unser Unternehmen besitzt einen hohen Reifegrad im Bereich Green GPM | Our business demonstrates adequate readiness for Green BPM. |
| G5 | Stakeholder (z.B. Lieferanten, Kunden, etc.) werden in die Nachhaltigkeitsplanungen mit einbezogen. | Stakeholders (e.g. suppliers, customers, etc.) are integrated into our sustainable plans. |
| **Wie ist die Prozessmodellierung Ihres Unternehmens ausgestaltet?** | | **Your organization's business process design?** |
| Mod1 | Betriebliche Prozesse werden in Prozessmodellen abgebildet. | Business processes are illustrated by business models. |
| Mod2 | Bereits beim Design der Prozesse werden ökologische Aspekte mitberücksichtigt. | Environmental aspects are already considered during design phase of processes. |
| Mod3 | Am Prozess beteiligte Ressourcen (z.B. PC, Telefon, Drucker, etc.) werden in Modellen modelliert. | Resources (e.g. PC, telephone, printer, etc.) involved in processes are illustrated within process models. |
| Mod4 | Zur Modellierung von Prozessen wird eine standardisierte Modellierungssprache eingesetzt (z.B. BPMN, EPK, etc.). | Standardized modeling notations (e.g. BPMN, EPK, etc.) are used to model business processes. |
| Mod5 | Informationen zu Emissionswerten (z.B. CO2-Ausstoß, Abfall, etc.) werden in Prozessmodellen modelliert. | Information on emissions (e.g. carbon emission, waste, etc.) are illustrated within process models. |
| Mod6 | Informationen zu Ressourcenverbräuchen (z.B. Strom-, Material-, Wasserverbrauch, etc.) werden in Prozessmodellen modelliert. | Information on ressource consumptions (e.g. power usage, material or water consumption, etc.) are illustrated within process |
| Mod7 | In speziellen Ressourcenmodellen werden die Zusammensetzung und Interaktion einzelner Primär- und Sekundärressourcen abgebildet. | Special resource models illustrate the composition and interaction of resources and sub-resources. |

| | Wie ist das Prozessmonitoring Ihres Unternehmens ausgestaltet? | Your organization's business process monitoring? |
|---|---|---|
| Mon1 | Unser Unternehmen erfasst den unternehmensweiten ökologischen Fußabdruck (Carbon Footprint). | Our organization is concerned about our business's overall environmental footprint. |
| Mon2 | Unser Unternehmen erfasst den ökologischen Fußabdruck (Carbon Footprint) einzelner Prozesse. | Our organization is concerned about the carbon footprint of individual processes. |
| Mon3 | Im Unternehmen existieren Messtechniken, die es ermöglichen Ressourcenverbräuche (z.B. Stromverbrauch, CO2-Ausstoß, etc.) zu messen. | Our organization provides measuring techniques to gather information about resource consumption (e.g. power usage, CO2 emissions, etc.). |
| Mon4 | Zur Evaluierung von Nachhaltigkeitskennzahlen werden Durchschnittswerte aus externen Datenbanken (z.B. US LCI Database, GEMIS, ProBas, etc.) herangezogen. | Our organization uses values gathered from external data bases (e.g. US LCI Database, GEMIS, ProBas, etc. ) for evaluating environmental ratios. |
| Mon5 | Prozesse werden anhand von Key Performance Indikatoren (KPIs) überwacht und optimiert. | Processes are monitored and optimized using key performance indicators (KPIs). |
| Mon6 | Die ökologische Nachhaltigkeit von Prozessen wird anhand von speziellen Nachhaltigkeitskennzahlen (z.B. Key Ecological Indicators) überwacht und optimiert. | Sustainability of processes is monitored and optimised using special environmental ratios (e.g. key ecological indicators). |
| Mon7 | Es werden ökologische Schwellenwerte definiert und über Incidents Überschreitungen gemeldet. | Our organization has defined environmental threshold values and overruns are reported by special incidents. |
| Mon8 | Es wird entsprechende Software eingesetzt um Prozessperformance zu messen und ökologische Daten zu | We use software systems to gather sustainable data and measure process performance. |
| Mon9 | Unser Unternehmen bewertet externe Partner auch anhand ihrer Nachhaltigkeit (z.B. Carbon Footprint von Lieferanten, Abnehmern, etc.). | Our organization evaluates external partners also based on environmental values (e.g. carbon footprint of suppliers, customers, etc.). |
| | **Wie ist die Prozessoptimierung Ihres Unternehmens ausgestaltet?** | **Your organization's business process improvement?** |
| O1 | Prozesse werden auch anhand ökologischer Kennzahlen optimiert (z.B. ökologische Effizienz). | Processes are optimized based on ecological indicators (e.g. ecological efficiency). |
| O2 | Prozesse und Aufgaben werden möglichst automatisiert. | As possible, processes and tasks are automated. |
| O3 | In Prozessen verwendete Ressourcen werden nach ökologischen Gesichtspunkten ausgewählt. | Resources used within processes are chosen based on environmental criteria. |
| O4 | Unser Unternehmen versucht die negativen ökologischen Einflüsse von Geschäftsprozessen möglichst gering zu halten. | Our organization seeks to minimize the negative environmental impacts of business processes. |
| O5 | Entstehende Umweltwirkungen werden durch Kompensationsaktivitäten reduziert (z.B. Spende an WWF). | Resulting environmental impacts are reduced through compensation activities (e.g. donation to WWF). |
| O6 | Einzelne Komponenten von Geschäftsprozessen werden durch ökologisch nachhaltigere Alternativen ersetzt (z.B. emissionsärmere PCs). | Individual components of business processes are replaced by ecologically sustainable alternatives (e.g. lower-emission PCs). |
| O7 | Den Kunden werden alternative, umweltfreundlichere Prozesse angeboten (z.B. Deutsche Post GoGreen). | Our organization provides alternative, more environmentally friendly processes to customers (e.g. German Post GoGreen). |
| O8 | Unser Unternehmen entsorgt und recycelt verbrauchte Materialien ökologisch. | Our organization recycles and disposes consumed materials ecologically. |
| O9 | Bestehende Geschäftsprozesse werden redesigned und überprüft um sie ökologisch nachhaltiger zu gestalten. | Existing Processes are redesigned and reviewed to make them more sustainable. |

Abbildung 0-5: Indikatoren des Green-BPM-readiness Modells (eigene Darstellung)

| Suchbegriff | Datenbank | Anzahl extrahierter E-Mailadressen |
|---|---|---|
| E-Mail AND CEO | Hoppenstedt Firmenprofile | 1712 |
| | The Major Companies Database | 627 |
| E-Mail AND CIO | Hoppenstedt Firmenprofile | 185 |
| | The Major Companies Database | 22 |
| | LexisNexis Corporate Affiliations | 2059 |
| E-Mail AND Leiter EDV/IT | Hoppenstedt Firmenprofile | 144 |

Abbildung 0-6: Extrahierung von E-Mail-Adressen in LexisNexis (eigene Darstellung)

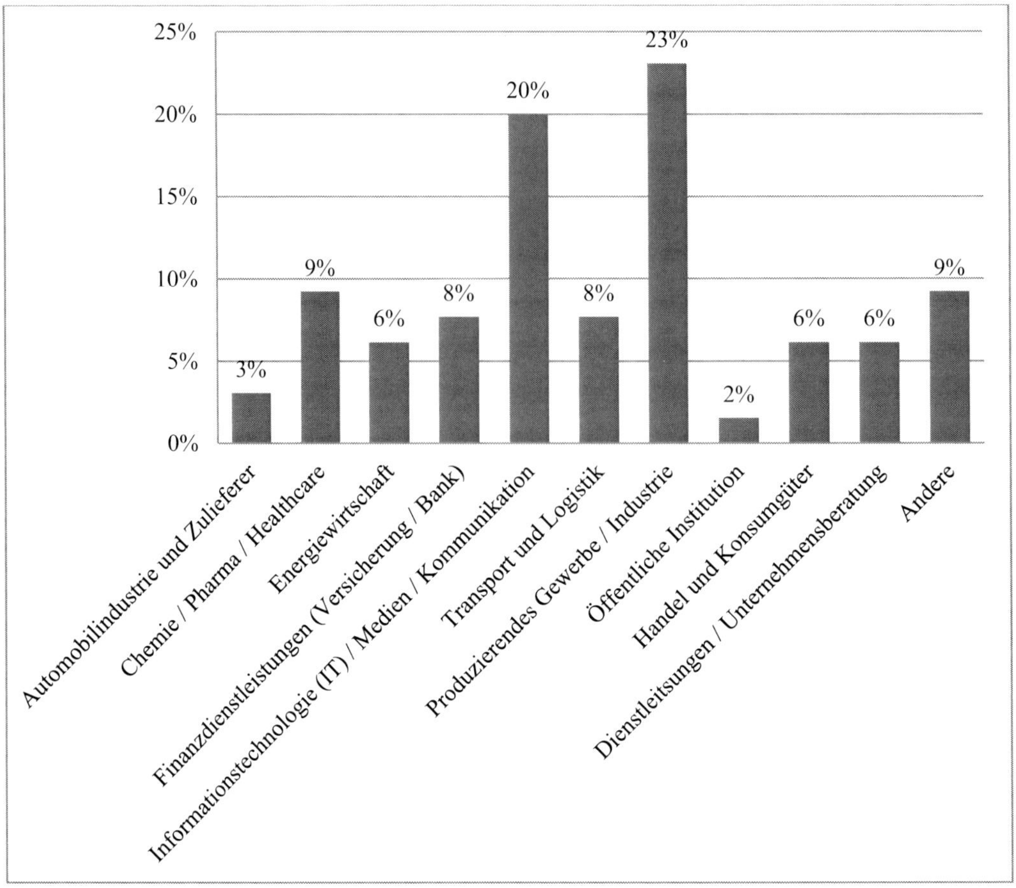


Abbildung 0-7: Branchen der teilnehmenden Unternehmen (eigene Darstellung)

*Einstellung*

| Indikator | Eigenwerte (emp. Daten) | Eigenwerte (O'Connor) |
|---|---|---|
| E1 | 5,30 | 1,69 |
| E2 | 0,54 | 1,40 |
| E3 | 0,40 | 1,21 |
| E4 | 0,28 | 1,07 |
| E5 | 0,21 | 0,94 |
| E6 | 0,14 | 0,81 |
| E7 | 0,13 | 0,69 |
| KMO = 0,91 | | |
| Bartlett Test: $X^2(21) = 413{,}182$ mit $p = 0{,}00$ | | |
| Cronbachs Alpha ($\alpha$) = 0,945 | | |

*Governance*

| Indikator | Eigenwerte (emp. Daten) | Eigenwerte (O'Connor) |
|---|---|---|
| G1 | 3,98 | 1,53 |
| G2 | 0,41 | 1,26 |
| G3 | 0,28 | 1,07 |
| G4 | 0,17 | 0,94 |
| G5 | 0,15 | 0,79 |
| KMO = 0,89 | | |
| Bartlett Test: $X^2(10) = 275{,}339$ mit $p = 0{,}00$ | | |
| Cronbachs Alpha ($\alpha$) = 0,933 | | |

*Monitoring*

| Indikator | Eigenwerte (emp. Daten) | Eigenwerte (O'Connor) |
|---|---|---|
| Mon1 | 6,23 | 1,81 |
| Mon2 | 0,67 | 1,51 |
| Mon3 | 0,53 | 1,33 |
| Mon4 | 0,43 | 1,18 |
| Mon5 | 0,36 | 1,05 |
| Mon6 | 0,31 | 0,94 |
| Mon7 | 0,21 | 0,83 |
| Mon8 | 0,17 | 0,71 |
| Mon9 | 0,09 | 0,59 |
| KMO = 0,897 | | |
| Bartlett Test: $X^2(36) = 490{,}64$ mit $p = 0{,}00$ | | |
| Cronbachs Alpha ($\alpha$) = 0,941 | | |

*Strategie*

| Indikator | Eigenwerte (emp. Daten) | Eigenwerte (O'Connor) |
|---|---|---|
| S1 | 4,11 | 1,62 |
| S2 | 0,67 | 1,33 |
| S3 | 0,48 | 1,15 |
| S4 | 0,33 | 1,00 |
| S5 | 0,28 | 0,87 |
| S6 | 0,13 | 0,74 |
| KMO = 0,827 | | |
| Bartlett Test: $X^2(15) = 257{,}514$ mit $p = 0{,}00$ | | |
| Cronbachs Alpha ($\alpha$) = 0,907 | | |

*Modellierung*

| Indikator | Eigenwerte (emp. Daten) | Eigenwerte (O'Connor) |
|---|---|---|
| Mod1 | 3,80 | 1,69 |
| Mod2 | 0,64 | 1,40 |
| Mod3 | 0,56 | 1,21 |
| Mod4 | 0,45 | 1,07 |
| Mod5 | 0,30 | 0,94 |
| Mod6 | 0,21 | 0,81 |
| Mod7 | 0,13 | 0,69 |
| KMO = 0,785 | | |
| Bartlett Test: $X^2(21) = 271{,}416$ mit $p = 0{,}00$ | | |
| Cronbachs Alpha ($\alpha$) = 0,853 | | |

*Optimierung*

| Indikator | Eigenwerte (emp. Daten) | Eigenwerte (O'Connor) |
|---|---|---|
| O1 | 5,13 | 1,81 |
| O2 | 0,83 | 1,51 |
| O3 | 0,78 | 1,33 |
| O4 | 0,65 | 1,18 |
| O5 | 0,40 | 1,05 |
| O6 | 0,38 | 0,94 |
| O7 | 0,22 | 0,83 |
| O8 | 0,17 | 0,71 |
| O9 | 0,15 | 0,59 |
| KMO = 0,866 | | |
| Bartlett Test: $X^2(36) = 368{,}441$ mit $p = 0{,}00$ | | |
| Cronbachs Alpha ($\alpha$) = 0,898 | | |

Abbildung 0-8: Ergebnisse der explorativen Faktorenanalyse

| Faktor | Indikator | Faktorladung |
|---|---|---|
| Einstellung | E1 | 0,884 |
| | E2 | 0,859 |
| | E3 | 0,906 |
| | E4 | 0,76 |
| | E5 | 0,895 |
| | E6 | 0,884 |
| | E7 | 0,725 |
| Strategie | S1 | 0,711 |
| | S2 | 0,952 |
| | S3 | 0,771 |
| | S4 | 0,761 |
| | S5 | 0,709 |
| | S6 | 0,791 |
| Governance | G1 | 0,774 |
| | G2 | 0,849 |
| | G3 | 0,873 |
| | G4 | 0,907 |
| | G5 | 0,92 |
| Modellierung | Mod1 | 0,258 |
| | Mod2 | 0,704 |
| | Mod4 | 0,451 |
| | Mod3 | 0,423 |
| | Mod5 | 0,889 |
| | Mod6 | 0,866 |
| | Mod7 | 0,917 |
| Monitoring | Mon1 | 0,806 |
| | Mon2 | 0,845 |
| | Mon3 | 0,758 |
| | Mon4 | 0,84 |
| | Mon5 | 0,614 |
| | Mon6 | 0,894 |
| | Mon7 | 0,877 |
| | Mon8 | 0,828 |
| | Mon9 | 0,806 |
| Optimierung | O1 | 0,908 |
| | O2 | 0,396 |
| | O3 | 0,884 |
| | O4 | 0,739 |
| | O5 | 0,571 |
| | O6 | 0,765 |
| | O7 | 0,747 |
| | O8 | 0,331 |
| | O9 | 0,875 |

Abbildung 0-9: Faktorladungen der ersten Iteration

| | Einstellung | Strategie | Governance | Modellierung | Monitoring | Optimierung |
|---|---|---|---|---|---|---|
| Einstellung | 1 | 0,838 | 0,768 | 0,581 | 0,724 | 0,819 |
| Strategie | *0,702* | 1 | 0,985 | 0,695 | 0,893 | 0,879 |
| Governance | *0,590* | *0,970* | 1 | 0,719 | 0,841 | 0,852 |
| Modellierung | *0,338* | *0,483* | *0,517* | 1 | 0,811 | 0,651 |
| Monitoring | *0,524* | *0,800* | *0,707* | *0,658* | 1 | 0,857 |
| Optimierung | *0,671* | *0,773* | *0,726* | *0,424* | *0,734* | 1 |

Abbildung 0-10: Korrelationen (grau) und quadrierte Korrelationen (kursiv) zwischen den Modellfaktoren

# Literaturverzeichnis


Allweyer, T.: Geschäftsprozessmanagement - Strategie, Entwurf, Implementierung, Controlling, 2. Aufl., W3L, Bochum 2005

Ameri, F., Dutta, D.: Product Lifecycle Management: Closing the Knowledge Loops Computer-Aided Design & Applications, 2 (2005) 5, 577-590

Ammermüller, B., Greiling, D., Löwe, J., Schaefer, C., Theuvsen, L.: Nachhaltigkeit und Nachhaltigkeitsmanagement in öffentlichen Unternehmen, in: Zeitschrift für öffentliche und gemeinwirtschaftliche Unternehmen, 35 (2012) 4, 386-400

Aubertin, I., Houy, C., Fettke, P., Loos, P.: Stand der Lehrbuchliteratur zum Geschäftsprozessmanagement– Eine quantitative Analyse, IWi-Heft 194, 2012

Backhaus, K., Erichson, B., Weiber, R.: Fortgeschrittene multivariate Analysemethoden: eine anwendungsorientierte Einführung, Springer, Berlin u. a. 2011

Backhaus, K., Erichson, B., Plinke, W., Weiber, R.: Multivariate Analysemethoden: eine anwendungsorientierte Einführung, Springer, 12. Aufl., Berlin u. a. 2008

Balderjahn, I.: Nachhaltiges Marketing-Management. Möglichkeiten einer umwelt- und sozialverträglichen Unternehmenspolitik, Lucius & Lucius, Stuttgart 2004

Baur, N., Fromm, S.: Datenanalyse mit SPSS für Fortgeschrittene. Ein Arbeitsbuch, VS Verlag, 2. Aufl., Wiesbaden 2008

Bearingpoint: Business Process Management Survey 2012, 23.08.2012, http://www.bearingpoint.com/de-de/7-6008/?&p=353, 49, 11.08.2013, 22

Becker, J., Schütte, R.: Handelsinformationssysteme, 2. Aufl., Verlag Moderne Industrie, Frankfurt a. M. 2004

Becker, J., Mathas, C., Winkelmann, A.: Geschäftsprozessmanagement, Springer, Berlin-Heidelberg 2009

Becker, J., Kahn, D.: Der Prozess im Fokus, in: Becker, J., Kugeler, M., Rosemann, M. (Hrsg.): Prozessmanagement. Ein Leitfaden zur prozessorientierten Organisationsgestaltung, 7. Aufl., Springer Gabler, Berlin-Heidelberg 2012, 3-17

Becker, J., Röglinger, M., Pöppelbuß, J.: Maturity Models in Business Process Management, in: Business Process Management Journal, 18 (2012) 2, 328-346

Becker, J., Meise, V.: Grundsätze ordnungsgemäßer Modellierung, in: Becker, J., Kugeler, M., Rosemann, M. (Hrsg.): Prozessmanagement. Ein Leitfaden zur prozessorientierten Organisationsgestaltung, 7. Aufl., Springer Gabler, Berlin-Heidelberg 2012, 49-51

Behlau, L.: Nachhaltige Entwicklung und Frauenhofers Beitrag dazu, in: Jahrestagung der European Association of Research and Technology Organisations (EARTO), Göteborg, Schweden 2010

Belz, F. M.: Nachhaltigkeits-Marketing, in: Die Betriebswirtschaft, 63 (2003) 3, 352-355

Binner, F., Schnägelberger, S.: Prozessmanagement-Tools - Große Marktübersicht über den BPM Software Markt, in: zfo 70 (2011) 02, 121-124

Bliemel, F., Eggert, A., Fassott, G., Henseler, J.: Handbuch PLS-Pfadmodellierung. Methode, Anwendung, Praxisbeispiele, Schäffer-Poeschel, Stuttgart 2005

BMU, Umweltbewusstsein in Deutschland 2010. Ergebnisse einer repräsentativen Bevölkerungsumfrage, Heidelberg-Potsdam 2010

BMU: Internationale Klimapolitik, 01.07.2012, http://www.bmu.de/themen/klima-energie/klimaschutz/internationale-klimapolitik/, 3, 11.08.2013,1

Booth, A.: Brimful of STARLITE: towards standards for reporting literature searches, in: Journal of the Medical Library Association, 94 (2006) 4, 421-429

Boppert, J., Tenerowicz, P.: Ökologisch nachhaltige Logistik und Geschäftsprozesse. Status Quo, Handlungsfelder und Perspektiven, in: Tagungsband zum 18. Deutschen Materialfluss-Kongress, München, VDI Wissensforum, 2009, 17-27

Brocchi, D.: Die kulturelle Dimension der Nachhaltigkeit, Webmagazin Cultura21, 2007, 1-18.

Brundtlandt: Our common future, Oxford University Press, Oxford-New York 1987

Bundesregierung: Perspektiven für Deutschland. Unsere Strategie für eine nachhaltige Entwicklung, 2002.

Carnau, P.: Nachhaltigkeitsethik. Normativer Gestaltungsansatz für eine global zukunftsfähige Entwicklung in Theorie und Praxis, Rainer Hampp Verlag, München 2011

Chin, W. W.: The Partial Least Squares Approach to Structural Equation Modeling, in: Marcoulides, G. A. (Hrsg.): Modern Methods for Business Research, Lawrence Erlbaum Associates, London et al. 1998, 295-336

Cleven, A., Winter, R., Wortmann, F.: Managing Process Performance to Enable Corporate Sustainability: A Capability Maturity Model, in: Seidel, S., Recker, J., vom Brocke, J. (Hrsg.): Green Business Process Management, Springer, Berlin-Heidelberg 2012, 111-129

Craig, R. C., Dale S. R.: A framework of sustainable supply chain management: moving toward new theory, in: International Journal of Physical Distribution & Logistics Management, 38 (2008) 5, 360-387

DAI: Nachhaltigkeit und Shareholder Value aus Sicht börsennotierter Unternehmen. Ergebnisse einer Umfrage des Deutschen Aktieninstituts e.V. und des Sustainable Business Institute (SBI) e.V., in: von Rosen, R. (Hrsg.): Studien des Deutschen Aktieninstituts, 50 (2012) 1

Dao, V., Langella, I., Carbo, J.: From green to sustainability: Information Technology and an integrated sustainability framework, in: Journal of Strategic Information Systems, 20 (2011), 63-79

Dict: Deutsch-Englisch-Wörterbuch: readiness, 2013, http://www.dict.cc/, 15.06.2013

Duxburry, N., Gillette, E.: Culture as a Key Dimension of Sustainability: Exploring Concepts, Themes, and Models, Centre of Expertise on Culture and Communities, Vancouver, British Columbia, 2007

Dyllick, T., Hockerts, K.: Beyond the Business Case for Corporate Sustainability, in: Business Strategy and the Environment, 11 (2002) 2, 130-141

Elliot, S., Binney, D.: Environmentally sustainable ICT: Developing corporate capabilities and an industry-relevant IS research agenda, in: Pacific Asia Conference on Information Systems (PACIS), Suzhou, China, National Sun Yat-sen University, 2008

Esswein, W.: Das Rollenmodell der Organisation, in: Wirtschaftsinformatik, 35 (1993) 6, 551-561

EU: Consultation paper for the preparation of a European Union strategy for Sustainable Development, Brüssel 2001

EU: Empfehlung der Kommission vom 6. Mai 2003 betreffend die Definition der Kleinstunternehmen sowie der kleinen und mittleren Unternehmen, in: Amtsblatt der Europäischen Union, L124 (2003) 46, 36-41

EU: ILCD Handbook: General guide for Life Cycle Assessment - Detailed guidance, Luxembourg 2010

EU: Energie 2020. Eine Strategie für wettbewerbsfähige, nachhaltige und sichere Energie, 2011, http://ec.europa.eu/energy/publications/doc/2011_energy2020_de.pdf, 28, 11.08.2013, 4

Evans, J. R., Mathur, A.: The value of online surveys, in: Internet Research, 15 (2005) 2, 195-219

Freericks, R., Hartmann, R., Stecker, B.: Freizeitwissenschaft: Handbuch für Pädagogik, Management und nachhaltige Entwicklung, Oldenbourg Wissenschaftsverlag, München 2010

Fresner, J., Bürki, T., Sittel, H.: Ressourceneffizienz in der Produktion – Kosten senken durch Cleaner Production, Symposion Publishing, Berlin 2009

Gadatsch, A.: Grundkurs Geschäftsprozess-Management. Methoden und Werkzeuge für die IT-Praxis: Eine Einführung für Studenten und Praktiker, 7. Aufl., Vieweg+Teubner, Wiesbaden 2012

GfK, Nachhaltig - einem Schlagwort auf der Spur, Oktober 2012, http://www.gfk-compact.de/index.php?article_id=222&clang=0, 4, 24.05.2013, 1

Ghose, A., Hoesch-Klohe, K., Hinsche, L., Le, L-S.: Green Business Process Management: A Research Agenda, in: Australasian Journal of Information Systems, 16 (2009), 2, 103-117

Ghose, A., Hoesch-Klohe, K., Le, L-S.: Towards Green Business Process Management, in: Proceedings of the 7th International Conference on Services Computing (SCC), IEEE, Piscataway, New Jersey, USA, 2010, 386-393

Global Reporting Initiative: Sustainability Reporting Guidelines, 3. Aufl., Amsterdam 2011

Glück, A.: Das Prinzip Nachhaltigkeit – Zukunftsorientiertes Denken und Handeln in ausgewählten Lebensbereichen, in: Politische Studien, 51 (2001) 1, 8-16

Goebels, T.: Die Bewertung von Umweltmanagementsystemen. Ein praxisorientiertes Verfahren, angewandt am Beispiel ausgewählter Produktionsstandorte des Volkswagen-Konzerns, Diss. Trier 2004

Grober, U.: Die Entdeckung der Nachhaltigkeit. Kulturgeschichte eines Begriffs, Antje Kunstmann Verlag, München 2010

Gungor, V.C., Sahin, D., Kocak, T., Ergut, S., Buccella, C., Cecati, C., Hancke, G.P.: Smart Grid Technologies: Communication Technologies and Standards, in: IEEE Transactions on Industrial Informatics, 7 (2011) 4, 529-539

Hair, J. F., Black, W. C., Babin, B., J., Anderson, R. E.: Multivariate Data Analysis. A Global Perspective, Pearson, 7. Aufl., Boston u. a. 2010

Hair, J. F., Ringle, C. M, Sarstedt, M.: PLS-SEM: Indeed a silver bullet, in: The Journal of Marketing Theory and Practice, 19 (2011) 2, 139-152

Hansmann, H., Laske, M., Luxem, R.: Einführung der Prozesse – Prozedd-Roll-out, in: Becker, J., Kugeler, M., Rosemann, M. (Hrsg.): Prozessmanagement. Ein Leitfaden zur prozessorientierten Organisationsgestaltung, 7. Aufl., Springer Gabler, Berlin-Heidelberg 2012, 277-302

Hammer, M., Champy, J.: Business Reengineering - Die Radikalkur für das Unternehmen, 6. Aufl., Campus Verlag, Frankfurt a. M. 1996

Hammer, M.: What is Business Process Management?, in: vom Bocke, J., Rosemann, M. (Hrsg.): Handbook on Business Process Management 1. Introduction, Methods, and Information Systems, Springer, Heidelberg et al. 2010, 3-16

Hediger, W.: Elemente einer ökologischen Ökonomik nachhaltiger Entwicklung, in: Rennings, K., Hohmeyer, O. (Hrsg.): Nachhaltigkeit, ZEW Wirtschaftsanalysen Band 8, Baden-Baden 1997, 15-37

Herrmann, A., Huber, F., Kressmann, F.: Varianz- und kovarianzbasierte Strukturgleichungsmodelle. Ein Leitfaden zu deren Spezifikation, Schätzung und Beurteilung, in: Zeitschrift für betriebswirtschaftliche Forschung (zfbf), 58 (2006) 2, 34-66

Hilty, L. M., Lohmann W., Huang, E. M.: Sustainability and ICT – An overview of the field with a focus on socio-economic aspects, in: Notizie di Politeia, 104 (2011) 17, 13-28

Högner, S., Freitag, O., Hube G.: Ökologische Nachhaltigkeit in klein- und mittelständischen Betrieben. Handlungsempfehlungen aus Theorie und Praxis, in: Schriftenreihe der IHK, Würzburg-Schweinfurt 2012

Hoesch-Klohe, K., Ghose, A.: Carbon-Aware Business Process Design in Abnoba, in: Maglio, P., Weske, M., Yang, J., Fantinato, M. (Hrsg.): 8th International Conference on Service Oriented Computing (ICSOC 2010), San Francisco, Californien, 2010, 551-556

Horne, R., Grant, T., Verghese, K.: Life Cycle Assessment: Principles, Practice and Prospects, CSIRO Publishing, Oxford 2009

Houy, C., Fettke, P., Loos, P.: Empirical research in business process management – analysis of an emerging field of research, in: Business Process Management Journal, 16 (2010) 4, 619-661

Houy, C., Fettke, P., Loos, P., van der Aalst, W. M. P., Krogstie, J.: Geschäftsprozess-management im Großen, in: Wirtschaftsinformatik, 53 (2011a) 6, 377-381

Houy, C., Reiter, M., Fettke, P., Loos, P.: Towards Green BPM – Sustainability and Resource Efficiency through Business Process Management, in: Muehlen, M., Su, J. (Hrsg.): 8th International Conference on Business Process Management – BPM Workshops (BPM2010), Hoboken, New Jersey, 2011b, 501-510

Houy, C., Reiter, M., Fettke, P., Loos, P., Hoesch-Klohe, K., Ghose, A.: Advancing Business Process Technology for Humanity: Opportunities and Challenges of Green BPM for Sustainable Business Activities, in: vom Brocke, J., Seidel, S., Recker, J. (Hrsg.): Green Business Process Management: Towards the Sustainable Enterprise, Springer, Berlin-Heidelberg 2012, 75-92

Huber, J.: Towards industrial ecology: sustainable development as a concept of ecological modernization, in: Journal of Environmental Policy & Planning, 2 (2000) 4, 269-285

Huber, F.: Leitfaden SmartPLS. Auswertung von Strukturgleichungsmodellen, 12.7.2003, http://www.marketing-i.bwl.uni-mainz.de/660.php?folder=Master/Vorlesungen%20Master/Aufbaumodul/Marketing%20-%20Market%20Research/%C3%9Cbung%20Market%20Research/%C3%9Cbung%203%20Kausalanalyse&file=Leitfaden%20SmartPLS%2003-07.12.pdf, 43, 18.08.2013, 28-35

Humphrey, W.: Characterizing the Software Process: A Maturity Framework, in: IEEE Software, 5 (1988) 2, 73-79

Ijab, M. T., Molla, A., Kassahun, A. E, Teoh, S. Y.: Seeking the "Green" in "Green IS": A Spirit, Practice and Impact Perspective, in: The Pacific Asia Conference on Information Systems (PACIS), Taipei, 2010

ISO: Carbon footprint of products - Requirements and guidelines for quantification and communication, Genf 2011

Kang, Y., Wood, D. J.: Before-Profit Social Responsibility: Turning the Economic Paradigm Upside Down, in: Nigh, D., Collins, D. (Hrsg.): Proceedings of the 6th Annual Meeting of the International Association for Business and Society (IABS), Wien 1995, 408-418

Ko, R.K.L.; Lee, S.S.G.; Lee, E.W.: Business process management (BPM) standards: a survey, in: Business Process Management Journal, 15 (2009) 5, 744-791

Koch, S.: Einführung in das Management von Geschäftsprozessen. Six Sigma, Kaizen und TQM, Springer, Heidelberg et al. 2011

Kolpiin, J., Müller, M.: Nachhaltigkeit in Unternehmen – Konzepte der Umsetzung, in: Baumast, A., Pape, J. (Hrsg.): Betriebliches Umweltmanagement: Nachhaltiges Wirtschaften in Unternehmen, 4. Aufl., Stuttgart 2009, 33-46

Kopatz, M.: Nachhaltige Entwicklung: das Leitbild für eine ökologisch-tragfähige und generationengerechte Entwicklung, Friedrich-Ebert-Stiftung, Bonn 2005

Kopfmüller, J., Brandl, V, Jörissen, J.: Nachhaltige Entwicklung integrativ betrachtet: konstituive Elemente Regeln, Indikatoren, Edition Sigma, Berlin 2001

Kugeler, M.: Prozeßmanagement, in: Mertens, P. (Hrsg.): Lexikon der Wirtschaftsinofrmatik, 4. Aufl., Berlin et al. 2001, 386-388

Kuhn, K.: Zur kulturellen Dimension nachhaltiger Entwicklung - Eine metatheoretische und diskursanalytische Bestandsaufnahme, in: Diskussionsbeiträge des Instituts für Umweltkommunikation (INFU), 9 (2006) 28, 1-50

LexisNexis: Recherche für Hochschulen und Bibliotheken mit LexisNexis Wirtschaft. Das Recherchetool speziell für Hochschulen und Bibliotheken, 2013, http://www.lexisnexis.de/loesungen/academic-and-library-solutions/lexisnexis-wirtschaft-fuer-hochschulen, 04.07.2013

Lietz, P.: Research into questionnaire design. A summary of the literature, in: International Journal of Market Research, 52 (2010) 2, 249-272

Linz, M.: Weder Mangel noch Übermaß, in: Diskussionspapier der Wuppertal Institut für Klima, Umwelt, Energie GmbH, (2004) 145, 55-56

Mann, H., Grant, G., Mann, S. I. J: Green IT: An Implementation Framework, in: Proceedings of the American Conference on Information Systems (AMCIS), San Francisco 2009

Melville, N. P.: Information Systems Innovation for Environmental Sustainability, in: MIS Quarterly, 34 (2010) 1, 1-21

Meyer, J., Teuteberg, F.: Nachhaltiges Geschäftsprozessmanagement – Status Quo und Forschungsagenda, in: Mattfeld, D., Robra-Bissantz, S. (Hrsg): Tagungsband der Multikonferenz der Wirtschaftsinformatik (MKWI), Braunschweig 2012, 1515-1530

Molla, A., Cooper, V., Corbitt, B., Deng, H., Peszynski, K., Pittayachawan, S., Teoh, S.: E-readiness to G-readiness: Developing a green information technology readiness framework, in: Proceedings of the 19th Australasian Conference on Information Systems (ACIS), AAIS, Christchurch, 2008, 669-678

Molla, A.: GITAM: a model for the acceptantce of green IT, in: Mills, A., Huff, S. (Hrsg.): Proceedings of the 19th Australasian Conference on Information Systems (ACIS), Christchurch, Neuseeland, 2008, 658-668

Molla, A., Cooper, V., Pittayachawan, S.: IT and Eco-sustainability: Developing and Validating a Green IT Readiness Model, in: Proceedings of the 30th International Conference on Information Systems (ICIS), Phoenix, Arizona, 2009

Molla, A., Cooper, V.: Green IT Readiness: A Framework and Preliminary Proof of Concept, in: Australasian Journal of Information Systems, 16 (2009) 2, 5-23

Molla, A., Cooper, V., Pittayachawan, S.: The Green IT Readiness (G-Readiness) of Organizations: An Exploratory Analysis of a Construct and Instrument, in: Communications of the Association for Information Systems, 29 (2011) 4, 67-96

Moosbrugger, H, Schermelleh-Engel, K.: Exploratorische (EFA) und Konfirmatorische Faktorenanalyse (CFA), in: Moosbrugger, H., Kelava, A. (Hrsg.): Testtheorie und Fragebogenkonstruktion, Springer, 2. Aufl., Berlin-Heidelberg 2012, 325-343

Naana, M., Junker, H.: Introduction to Strategic Eco-Controlling to Support Strategic Decision-Making, in: Golinska, P. (Hrsg.): EcoProduction and Logistics, Springer, Berlin-Heidelberg 2013, 41-56

Neumann, S., Probst, C., Wernsmann, C.: Kontinuierliches Prozessmanagement, in: Becker, J., Kugeler, M., Rosemann, M. (Hrsg.): Prozessmanagement. Ein Leitfaden zur prozessorientierten Organisationsgestaltung, 7. Aufl., Springer Gabler, Berlin-Heidelberg 2012, 303-326

Newman, J.: An Organisational Change Management Framework for Sustainability, in: Greener Management International, 57 (2012), 65-75

Nguyen, D. K., Slater, S. F.: Hitting the sustainability sweet spot: Having it all, in: Journal of Business Strategy, 31 (2010) 3, 5–11

Nowak, A., Leymann, F., Schleicher, D., Schumm, D., Wagner, S.: Green Business Process Patterns, in: Proceedings of the 18th Conference on Pattern Languages of Programs (PLoP), Hillside Group, Portland, Oregon 2011a

Nowak, A., Leymann, F., Schleicher, D., Schumm, D., Wetzstein, B.: An Architecture and Methodology for a Four-Phased Approach to Green Business Process Reengineering, in: Katzmüller, D., Toja, M. (Hrsg.): Proceedings of the 1st International Conference on Information and Communication on Technology for the Fight against Global Warming (ICT-GLOW), 2011b, 150-164

Nowak, A., Leymann, F., Schumm, D.: The differences and commonalities between green and conventional business process management, in: Proceedings of the International Conference on Cloud and Green Computing (CGC), IEEE, Sydney 2011c, 569-576

Nowak, A., Binz, T., Fehling, C., Kopp, O., Leymann, F., Wagner, S.: Pattern-driven Green Adaptation of Process-based Applications and their Runtime Infrastructure, in: Computing, 94 (2012) 6, 463-487

Opitz, N., Erek, K., Langkau, T., Kolbe, L., Zarnekow, R.: Kick-starting Green Business process Management – Suitable Modeling Languages and Key Processes for Green performance Management, in: Proceedings of the 18th Americas Conference on Information Systems (AMCIS), Seattle, Washington, 2012, 9

Ozturk, A., Umit, K., Medeni, I. T., Ucuncu, B., Caylan, M., Akba, F., Medeni, T. D.: Green ICT (Information and Communication Technologies): a review of academic and practitioner perspectives, in: International Journal of eBusiness and eGovernment Studies, 3 (2011) 1, 1-16

O'Connor, B. P.: SPSS and SAS programs for determining the number of components using parallel analysis and Velicer's MAP test, in: Behavior Research Methods, Instruments & Computers, 32 (2000) 3, 396-402

Paech, N.: Nachhaltigkeit zwischen ökologischer Konsistenz und Dematerialisierung: hat sich die Wachstumsfrage erledigt?, in: Natur und Kultur: transdisziplinäre Zeitschrift für ökologische Nachhaltigkeit, 6 (2005), 1, 52-72

Parasuraman, A.: Technology Readiness Index (TRI) a multiple-item scale to measure readiness to embrace new technologies, in: Journal of Service Research, 2 2000 4, 307-320.

Pernici, B., Aiello, M., vom Brocke, J., Donnellan, B., Gelenbe, E., Kretsis, M.: What IS Can Do for Environmental Sustainability: A Report from CAiSE'11 Panel on Green and Sustainable IS, in: The 23rd International Conference on Advanced Information Systems Engineering (CAiSE'11), London 2011

Pfeiffer, J., Walther, M.: Nachhaltige Unternehmensentwicklung durch Beteiligung: den Lernprozess der nachhaltigen Entwicklung durch Partizipation in Unternehmen gestalten, in: Linne, G., Schwarz, M. (Hrsg.): Handbuch Nachhaltige Entwicklung: wie ist nachhaltiges Wirtschaften machbar?, Opladen 2003, 447-459

Polites, G. L., Roberts, N., Thatcher, J.: Conceptualizing models using multidimensional constructs: a review and guidelines for their use, in: European Journal of Information Systems, 21 (2012) 1, 22–48

Polyvyanyy, A., Smirnov, S., Weske, M.: business Process Model Abstraction, in: vom Bocke, J., Rosemann, M. (Hrsg.): Handbook on Business Process Management 1. Introduction, Methods, and Information Systems, Springer, Heidelberg et al. 2010, 149-167

Pons: Das Online Wörterbuch: readiness, 2013, http://de.pons.eu/, 15.06.2013

Recker, J.: Green, Greener, BPM?, in: BPTrends, 5 (2011) 7, 1-8

Recker, J., Rosemann, M., Hjalmarsson, A., Lind, M.: Modeling and Analyzing the Carbon Footprint of Business Processes, in: Seidel, S., Recker, J., vom Brocke, J. (Hrsg.): Green Business Process Management. Towards the Sustainable Enterprise, Springer, Heidelberg et al. 2012, 93-109

Rosemann, M., de Bruin, T.: Application of a Holistic Model for Determining BPM Maturity, in: Akoka, J., Comyn-Wattiau, I., Favier, M. (Hrsg.): Proceedings of the 3rd Pre-ICIS Workshop on Process Management and Information Systems, Washington DC, 2004

Rosemann, M., de Bruin, T., Hueffner, T.: A Model for Business Process Management Maturity, in: Proceedings of the Australasian Concerence on Information Systems (ACIS), Hobart, 2004, 6

Rosemann, M., de Bruin, T.: Towards a Business Process Management Maturity Model, in: Bartmann, D., Rajola, F., Kallinikos, J., Avison, D., Winter, R., Ein-Dor, P., Becker, J., Bodendorf, F., Weinhardt, C. (Hrsg.): Proceedings of the Thirteenth European Conference on Information Systems (ECIS), Regensburg, 2005, 521-532

Rosemann, M., de Bruin, T.: Using the Delphi Technique to Identify BPM Capability Areas, in: Proceedings of the 18th Australasian Conference on Information Systems (ACIS), Toowoomba, 2007, 42

Rosemann, M., vom Brocke, J.: The Six Core Elements of Business Process Management, in: vom Brocke, J., Rosemann, M. (Hrsg.): Handbook on Business Process Management 1. Introduction, Methods, and Information Systems, Springer, Heidelberg et al. 2010, 107-126

Rosemann, M., Schwegmann, A., Delfmann, P.: Vorbereitung der Prozessmodellierung, in: Becker, J., Kugeler, M., Rosemann, M. (Hrsg.): Prozessmanagement. Ein Leitfaden zur prozessorientierten Organisationsgestaltung, 7. Aufl., Springer Gabler, Berlin-Heidelberg 2012, 47-109

Schaltegger, S., Kleiber, O., Müller, J: Die Werkzeuge des Nachhaltigkeitsmanagements. Konzepte und Instrumente zur Umsetzung unternehmerischer Nachhaltigkeit, in: Linne, G., Schwarz, M. (Hrsg.): Handbuch nachhaltige Entwicklung. Wie ist nachhaltiges Wirtschaften machbar?, Leske & Budrich, Opladen 2003, 331-342

Schaltegger, S., Herzig, C., Kleiber, O., Klinke, T., Müller, J.: Nachhaltigkeitsmanagement in Unternehmen. Von der Idee zur Praxis: Managementsansätze zur Umsetzung von Corporate Social Responsibility und Corporate Sustainability, Lüneburg-Berlin 2007

Scheer, A. W.: ARIS - Vom Geschäftsprozeß zum Anwendungssystem, 4. Aufl., Springer, Berlin et al. 2002

Schlegl, S.: Schätzung und Beurteilung von Strukturgleichungsmodellen mit dem PLS-verfahren, in: transfer: Zeitschrift für Werbung, Kommunikation und Markenführung, 56 (2010) 3, 64-65

Schmelzer, H. J., Sesselmann, W.: Geschäftsprozessmanagement in der Praxis. Kunden zufriedenstellen, Produktivität steigern, Wert erhöhen, 7. Aufl., Carl Hanser, München 2010

Schmidt, N. H., Erek, K., Kolbe, L.M., Zarnekow, R.: Towards a Procedural Model for Sustainable Information Systems Management, in: Sprague, R. H. (Hrsg.): Proceedings of the 42nd Hawaii International Conference on System Sciences (HICSS-42), IEEE Computer Society, Los Alamitos 2009

Schmidt, N. H., Kolbe L. M.: Towards a contingency model for green IT Governance, in: Proceedings of the 19th European Conference on Information Systems (ECIS), Helsinki, 2011, 105

Schmidt, N. H.: Environmentally Sustainable Information Management. Theories and Concepts for Sustainability, Green IS, and Green IT, in: Biethahn, J., Kolbe, L. M., Schumann, M. (Hrsg.): Göttinger Wirtschaftsinformatik, Bd. 64, Göttingen 2011

Schwegmann, A., Laske, M.: Istmodellierung und Istanalyse, in: Becker, J., Kugeler, M., Rosemann, M. (Hrsg.): Prozessmanagement. Ein Leitfaden zur prozessorientierten Organisationsgestaltung, 7. Aufl., Springer Gabler, Berlin-Heidelberg 2012, 165-195

Seidel, S., vom Brocke, J., Recker, J.: Call for Action: Investigating the Role of Business Process Management in Green IS, in: Proceedings of SIGGreen Workshop, 11 (2011) 4

Seidel, S., Recker, J.: Implementing Green Business Processes: The Importance of Functional Affordances of Information Systems, in: Proceedings of the 23rd Australasian Conference on Information Systems (ACIS), AAIS, Geelong, 2012, 1-10

Seidel, S., Recker, J., vom Brocke, J.: Green Business Process Management, in: Seidel, S., Recker, J., vom Brocke, J. (Hrsg.): Green Business Process Management. Towards the Sustainable Enterprise, Springer, Heidelberg et al. 2012, 3-15

Servatius, H-G., Schneidewind, U., Rohlfing, D.: Smart Energy. Wandel zu einem nachhaltigen Energiesystem, Springer, Berlin-Heidelberg 2012

Spindler, E. A.: History of Sustainability, in: Jenkings, J., Schröder, R. (Hrsg.): Sustainability in Tourism. A Multidisciplinary Approach, Gabler, Wiesbaden 2012, http://www.nachhaltigkeit.info/media/1326279587phpeJPyvC.pdf, 21, 25.05.2013

Stahlmann, V.: Lernziel: Ökonomie der Nachhaltigkeit. Eine anwendungsorientierte Übersicht, oekom Verlag, München 2008

Statistisches Bundesamt 2012 Statistisches Bundesamt: Nachhaltige Entwicklung in Deutschland. Indikatorenbericht 2012, Wiesbaden 2012

Stewart, J. R., Collins, M. W., Anderson, R., Murphy, W. R.: Life Cycle Assessment as a tool for environmental management, in: Clean Products and Processes, 1 (1999) 2, 73-81

Stolze, C., Semmler, G., Thomas, O.: Sustainability in Business Process Management Research – a Literature Review, in: Proceedings of the 18th Americas Conference on Information Systems (AMCIS), Seattle, Washington, 2012, 10

Stratos: Sustainability Integration into Business Processes. A Study of Leading Canadian and International Companies, 2007

Straub, D., Boudreau, M. C., Gefan, D.: Validation Guidelines for IS Positivistic Research, in: Communications of the Association for Information Systems, 24 (2004) 13, 380-427

Thesaurus: Dictionary: readiness, 2013, http://dictionary.reference.com/, 15.06.2013

United Nations: Indicators of Sustainable Development: Guidelines and Methodologies, 3. Aufl., New York 2007

van Hasselt, J.: : Kultur und nachhaltige Entwicklung: Das Kulturverständnis des Stockholmer Aktionsplans, in: Bernecker, R. (Hrsg.): Kultur und Entwicklung: Zur Umsetzung des Stockholmer Aktionsplans, Bonn 1998, 61-77

van Looy, A.: Does IT matter for business process maturity? A comparative study on business process maturity models. in: Meersman R., Herrero P. (Hrsg.): OTM 2010 workshops. Lecture notes in computer science, Springer, Berlin 2010, 687-697

Vogt, M.: Prinzip Nachhaltigkeit. Ein Entwurf aus theologisch-ethischer Perspektive, oekom Verlag, München 2009

vom Brocke, J., Rosemann, M.: Handbook on Business Process Management 1. Introduction, Methods, and Information Systems, Springer, Heidelberg et al. 2010

vom Brocke, J., Becker, J., Braccini, A. M., Butleris, R., Hofreiter, B.: Current and Future Issues in BPM Research: A European Perspective from the ERCIS Meeting 2010, in: Communications of the Association for Information Systems (CAIS), 28 (2011) 25, 393-414

von Hauff, M.: Nachhaltigkeit – ein Erfolgsfaktor für mittelständische Unternehmen. Anforderungen an Politik, Gewerkschaften und Unternehmen, in: Friedrich-Ebert-Stiftung (Hrsg.): WISO Diskurs, Bonner Universitäts-Buchdruckerei, Bonn 2011

Wabwoba, M. F., Wanyembi, G. W., Omuterema, S., Omieno, M. K. K.: Green ICT Readiness Model for Developing Economies: Case of Kenya, in: International Journal of Advanced Computer Science and Applications, 4 (2013) 1, 51-65

Watson, R. T., Chen, A. J., Boudreau, M.-C.: Information systems and ecological sustainability, in: Journal of Systems and Information Technology, 10 (2008) 3, 186-201

Watson, R. T., Boudreau, M.-C.; Chen, A. J.: Information Systems and Environmentally Sustainable Development: Energy Informatics and new Directions for the IS Community, in: MIS Quarterly, 34 (2010) 1, 23-38

Watson, R. T., Howells, J., Boudreau, M.-C.: Energy Informatics: Initial Thoughts on Data and Process Management, in: vom Brocke, J., Seidel, S., Recker, J. (Hrsg.): Green Business Process Management: Towards the Sustainable Enterprise, Springer, Berlin-Heidelberg 2012, 147-159

WEF: Global Information Technology Report 2013 Highlights, 2013, http://www3.weforum.org/docs/GITR/2013/GITR_OverallRankings_2013.pdf, 4, 15.06.2013, 1

Weiber, R., Mülhlhaus, D.: Strukturgleichungsmodellierung - Eine anwendungsorientierte Einführung in die Kausalanalyse mit Hilfe von AMOS, SmartPLS und SPSS, Springer, Berlin-Heidelberg 2009

Weske, M.: Business Process Management: Concepts, Languages, Architectures, 2. Aufl., Springer, Berlin et al. 2007

Zeise, N., Link, M., & Ortner, E. (2012). Measurement Systems for Sustainability, in: Seidel, S., Recker, J., vom Brocke, J. (Hrsg.): Green Business Process Management, Springer, Berlin-Heidelberg 2012, 131-146

Zwick, W. R., Veliver, W. F.: Comparison of Five Rules for Determining the Number of Components to Retain, in: Psychological Bulletin, 99 (1986) 1, 432-442